BETTY BETHARDS

Interpreta tú mismo tus sueños

*Símbolos para comprenderte
a ti mismo*

EDICIONES OBELISCO

Si este libro le ha interesado y desea que lo mantengamos
informado sobre nuestras publicaciones, escríbanos
indicándonos qué temas son de su interés (Astrología,
Autoayuda, Ciencias Ocultas, Artes Marciales, Libros Infantiles,
Naturismo, Espiritualidad, Tradición) y gustosamente le complaceremos.

Puede consultar nuestro catálogo en http://www.edicionesobelisco.com

Colección Nueva Conciencia
INTERPRETA TÚ MISMO TUS SUEÑOS
Betty Bethards

1.ª edición: febrero de 2007
3.ª edición: julio de 2007

Título original: *The Dream Book*

Traducción: *Verónica d'Ornellas*
Fotocomposición: *Text Gràfic*
Corrector: *Andreu Moreno*
Diseño cubierta: *Enrique Iborra*

Edita: Ediciones Obelisco, S.L.
Pere IV, 78 (edif. Pedro IV) 3.ª planta 5.ª puerta
08005 Barcelona - España Tel. 93 309 85 25 - Fax 93 309 85 23
E-mail: obelisco@edicionesobelisco.com

ISBN: 978-84-9777-328-7
Depósito legal: B-36.566-2007

Printed in Spain

Impreso en España en los talleres gráficos
de Romanyà/Valls, S.A. de Capellades (Barcelona)

Este libro está dedicado cariñosamente a mi hija, Pam,
cuyo entusiasmo por el trabajo con los sueños
me hizo tomar conciencia de su importancia
en la vida cotidiana.

Prólogo

Betty Bethards es vidente, mística, sanadora espiritual y profesora de meditación. Sus publicaciones, conferencias y apariciones en los medios de comunicación han ayudado a millones de personas en su búsqueda del conocimiento de sí mismas.

Betty empezó a dar conferencias y seminarios sobre los sueños cuando se dio cuenta de que «los sueños son tu mejor herramienta para comprenderte a ti mismo y para entender tu vida». Pero la mayoría de la gente ignora esta fuente interior de orientación, que es gratuita.

«La gente me ha estado pidiendo durante años que escriba este libro –explica Betty–, y, finalmente, ya está aquí. He canalizado información sobre cada uno de los símbolos que aparecen en el libro, lo cual, como podréis imaginar, fue una tarea que me tomó mucho tiempo. ¡Pero aprendí tantas cosas durante el proceso! Ahora las voy a compartir de buena gana con vosotros.»

El canal de Betty es su armonización con el yo superior, la orientación espiritual o el yo divino. Éste es un vehículo para recibir una comprensión y una información que normalmente están fuera del alcance de la mente consciente. Betty se apresura a señalar que todo el mundo tiene un canal, un nivel o una frecuencia de percepción llamada «conciencia superior». Armonizar con ella es, en realidad, escuchar al maestro interior o a tu propia orientación. Ella considera que somos particularmente receptivos a este nivel en el estado del sueño.

Betty explica que los sueños son la fuente de conocimiento que ella valora más, porque la mente consciente no puede distorsionar su mensaje. Ella nos enseña: «Puedes aprender a recordar tus sueños, a reconocer su significado y a utilizarlos para inspirarte y resolver problemas. Ellos te dicen lo que estás haciendo bien y cómo cambiar lo que necesita ser cambiado. Puesto que pasamos un tercio de nuestras vidas en el estado del sueño, ciertamente es ventajoso para nosotros utilizar ese tiempo para obtener revelaciones».

Interpreta tú mismo tus sueños está dividido en dos partes. La primera parte, «Entendernos a nosotros mismos a través de los sueños», incluye tres capítulos: «El significado de los sueños», «Trabajar con los sueños» y «Los sueños y la conciencia». La segunda parte, «Diccionario de símbolos oníricos», contiene una lista de más 1600 de los símbolos oníricos más corrientes, con referencias. Te recomiendo que leas la primera parte antes de utilizar la segunda.

Betty señala: «No es necesario aceptar mi filosofía para utilizar este libro. Puedes ser ateo, agnóstico, o tener una idea de una mente universal o un poder superior, pero sin duda reconocerás que utilizas únicamente un pequeño porcentaje de tu mente. Aprender a trabajar con los sueños te permite desarrollar una parte mayor de tu potencial mental».

Recuerda que tú tienes la última palabra en la interpretación de los sueños. Si *sientes* que el significado sugerido no es el adecuado, continúa explorando hasta que el sentido del significado resuene con todo tu ser. Siempre puedes consultar un buen diccionario para obtener información adicional. Además, los diferentes símbolos tienen distintos significados, dependiendo de tus experiencias de vida y de tu relación con el símbolo. En la interpretación de los sueños, al igual que en cualquier otro ámbito de la vida, debes ser tu propio gurú. Cuando aprendes tus símbolos clave, luego resulta fácil empezar a descifrar mensajes específicos.

Espero que este libro te inspire para que inicies y continúes la exploración del sabio y maravilloso mundo de tus sueños.

Primera parte

Entendernos a nosotros mismos a través de los sueños

1

El significado de los sueños

¿Qué hay en un sueño?

¿Son los sueños una especie de fenómeno extraño y enigmático que ocurre misteriosamente durante el turno de noche de la vida? ¿O hay un significado más profundo detrás de esta experiencia universal?

A lo largo de la historia escrita, la humanidad ha valorado los sueños. Fuente de orientación, inspiración, profecías, predicciones y resolución de problemas, los sueños son una experiencia común a todos nosotros. No conocen fronteras entre jóvenes y viejos, ricos y pobres, razas, religiones y nacionalidades. En todas las culturas encontramos alguna versión del «consultar con la almohada» antes de tomar una decisión. La Biblia y otros textos antiguos están llenos de ejemplos de cómo los sueños han tenido un papel importante en las vidas de las personas.

¿Qué es esta maravillosa dimensión que está tan cerca y, sin embargo, tan lejos? Para comprender el verdadero significado de los sueños debemos ahondar bajo la superficie para llegar a conocer el *propósito de todas las cosas*. ¿Por qué estamos aquí? ¿Cómo responder a la vieja pregunta de «¿Quién soy?»?

Somos seres interdimensionales

Los sueños empiezan a hacernos despertar al hecho de que somos seres espirituales o interdimensionales, *en* la tercera dimensión, o el espacio-tiempo, pero no *de* ella. Son como una carta del yo superior a la mente consciente. Nos despiertan a los recursos superiores de conocimiento que hay en nuestro interior, proporcionándonos información sobre lo que está ocurriendo en nuestras vidas diarias y cómo enfrentarnos a los problemas y lidiar con ellos. Los sueños nos ofrecen, también, información sobre el futuro, haciendo que nos veamos obligados a preguntar: «¿Cómo he podido saber algo así?».

Un sueño nos ayuda a darnos cuenta de que sólo estamos aquí temporalmente, en el escenario de la realidad de vigilia. Eso que llamamos vida es en realidad una escuela. Hay muchas escuelas o niveles de conciencia en el universo, y la Tierra es una de las más importantes. Durante nuestra estadía aquí aprendemos más acerca de la verdadera naturaleza de nuestro ser. Estamos aprendiendo que somos una energía creativa o de amor, infinita, y que todos nuestros sufrimientos, nuestras decepciones y desilusiones son consecuencia de no haber reconocido la verdad de quiénes y qué somos.

El nombre del juego es «crecimiento». En todas nuestras experiencias, o *pasamos* por ellas o *crecemos* con ellas. Si nos limitamos a *pasar* por ellas, entonces las volveremos a repetir una y otra vez, hasta que hayamos aprendido la lección que se encuentra detrás de las apariencias. Si *crecemos* con ellas, somos libres de pasar a la siguiente etapa en el proceso de aprendizaje. Pero para entender más sobre el juego de crecer y aprender, examinaremos dos viejos conceptos: «karma» y «reencarnación».

Karma y reencarnación: lecciones y aprendizaje

Puesto que provengo de un entorno baptista fundamentalista, tuve problemas para digerir los conceptos entrelazados de «karma» y «reencarnación», pero a medida que iba aprendiendo más y más a través de mi canal, empecé a darme cuenta de que tenían mucho sentido. Estas ideas se han conocido en las tradiciones orientales y occidentales desde el principio de los tiempos y tuvieron una amplia aceptación en la primera iglesia cristiana.

La reencarnación sugiere que la persona es básicamente un espíritu o una conciencia que adquiere una forma corporal y nace a una vida tras otra. La reencarnación es el proceso natural y normal de evolución del alma. El alma es el cuerpo etérico o energético, la parte eterna de nuestro ser. No es ni masculina ni femenina, sino una integración de energías. Hay capas o cuerpos de energía dentro del alma, de los que te vas despojando a medida que vas pasando a niveles más elevados de conciencia espiritual. Cuando llega la muerte física, te despojas del cuerpo físico (que es la vibración energética más baja) como quien se quita un abrigo.

Una vez has aprendido tus lecciones en el plano terrenal, habiendo llegado a un equilibrio mental, emocional, físico y espiritual, entonces pasas al plano celestial y vives en un nivel energético mucho más elevado.

Cada alma elige con cuánta rapidez desea progresar. Entre encarnaciones, y en el estado del sueño durante la noche, uno recibe enseñanzas. Cuando el alma regresa a la Tierra, a la conciencia del espacio-tiempo, trae consigo un conocimiento y una formación, y se esfuerza por darles una aplicación práctica mientras se encuentra dentro del cuerpo. Cada ser diseña un plan de crecimiento antes de cada encarnación: qué espera lograr en esa vida, qué karma desea resolver. Una vez que el alma se ha encarnado, tiene la libertad de seguir adelante con dicho plan o de cambiar de idea. Ciertamente, tus maestros te animarán a continuar con el programa, pero tú eres libre de hacer lo que quieras con esa encarnación.

El karma hace referencia a la ley de causa y efecto que gobierna las experiencias que uno tiene a lo largo de vidas colectivas y dentro de la vida individual. *Karma* quiere decir que recogerás lo que siembres. Éste es el principio de la responsabilidad individual que subyace a todas las enseñanzas de mi canal.

Para trabajar eficazmente con los sueños, debemos reconocer que controlamos nuestro propio destino mediante nuestros pensamientos, palabras y actos. Debemos renunciar a nuestra mentalidad de mártires y víctimas, y aceptar la responsabilidad de lo que está ocurriendo en nuestras vidas. Entonces podemos beneficiarnos de los sueños como una formidable fuente de enseñanzas.

La oportunidad de tu vida

Por tus vínculos kármicos del pasado y tu conciencia de las lecciones que debes aprender, has elegido intencionadamente las circunstancias de tu existencia actual. Antes de encarnarte, sabías lo que los primeros veintiocho años de vida te tenían reservado. Elegiste a tus padres, tu sexo, tu raza, tu nacionalidad, tu situación socioeconómica y tu signo astrológico. Cualesquiera que sean tus circunstancias, tú las estableciste. Si escogiste un cuerpo que no es perfecto, fue por algún motivo: jamás como un castigo; únicamente como una enseñanza. En la vida no hay *accidentes, ni coincidencias*. Nada ocurre por casualidad. Todo lo que percibimos como sufrimiento es en realidad una maravillosa oportunidad para corregir errores o desequilibrios del pasado y avanzar hacia nuestra meta fundamental, que es la iluminación.

Cuando comprendemos la idea de que hemos creado nuestra propia situación aquí en la escuela de la Tierra, somos capaces de preguntar por qué. ¿Cuál es mi lección positiva? ¿Qué me está enseñando esto? Entonces, finalmente, podemos dejar de culpar a otras personas de nuestra infelicidad y darnos cuenta de que nadie puede limitar nuestras vidas. No podemos cambiar a los demás, pero podemos cambiarnos a nosotros mismos y superar cualquier situación. Cada relación y cada experiencia no es más que una oportunidad de superar nuestras limitaciones.

El amor a uno mismo como clave kármica

El karma te sigue desde tu primera encarnación y continúa durante todas tus vidas sucesivas. Recogerás lo que siembres. Tendrás que pagar por lo que hayas creado. Algunas almas esperan dos o tres encarnaciones antes de enfrentarse a lazos anteriores.

Pero si te enfrentas a las situaciones con amor y con conciencia, no sólo trascenderás tu karma, sino que además liberarás a la otra alma. Es al perdonar como eres perdonado.

El mensaje del karma –de hecho, de toda la existencia humana– es aprender a amarte a ti mismo. Cuando te amas completamente y honras al Dios que está dentro de tu propio ser, amas completamente y honras al Dios que está dentro de todos los seres. Entonces, jamás podrás hacerte daño a ti mismo o a otra alma.

Todas nuestras lecciones se desarrollan en torno al amor a uno mismo. Para amarte a ti mismo debes ir más allá de la identificación con el ego y de los apegos. El verdadero yo es la energía espiritual interior, el poder creador que está detrás de todas las formas. El amor es ausencia de miedo, y el miedo es la última gran ilusión que nos separa de la verdad interior.

La mayoría de los sueños te muestran miedos y limitaciones que tú te has impuesto a ti mismo, y te ayudan a reconocer la importancia de enfrentarte a tus temores. Al hacerlo, descubres un nivel más profundo de percepción, belleza y alegría en tu interior.

Tienes la libertad para crear tu propio cielo o infierno en la Tierra. Pero es igualmente fácil, y mucho más divertido, crear tu propio paraíso personal para compartirlo con los demás.

Los sueños y el estado de muerte

Mi canal me ha explicado que la única diferencia entre el estado de muerte y el estado de sueño es que la cuerda de plata, que es como un cordón umbilical que conecta el alma con el cuerpo, se corta al morir. Esta cuerda permite al espíritu viajar durante la noche por ámbitos y planos que están más allá del plano físico, y recibir enseñanzas superiores. Cuando vas a dormir por las noches y tu conciencia abandona el cuerpo físico, estás experimentando lo mismo que la muerte. A medida que vayas teniendo un control cada vez mayor del estado onírico, te darás cuenta de que no existe eso que llaman muerte, como nos han enseñado a creer. No hay muerte, sólo un cambio de conciencia. El obtener un mayor control de los sueños nos permite darnos cuenta de que realmente somos seres interdimensionales. La energía vital, o Dios, es el medio inalterable del ser que subyace a eso que llamamos «vida» y a eso que llamamos «muerte». Dios es el medio de todas las experiencias. Con el tiempo, comienzas a identificarte con la naturaleza eterna de tu ser, en lugar de hacerlo con las etapas por las que estás pasando o con el nivel de conciencia específico en el que te encuentras.

Sueños y ciclos

Seguimos a la naturaleza en nuestros ciclos de aprendizaje, crecimiento, descanso e integración. Tenemos ciclos anuales y mensuales, además de los ciclos de siete años de cambio a algo completamente nuevo.

Los sueños siguen los ciclos naturales de crecimiento durante el año. Desde la primavera hasta el otoño pasas por un período de aprendizaje acelerado. Tus lecciones llegarán con mucha rapidez y la energía se intensificará. Tendrás sueños con enseñanzas que te mostrarán cuándo no has comprendido una lección. Resulta más difícil recordar los sueños durante los meses de primavera y verano, a menos que te programes y trabajes con ellos.

Cuando la energía del otoño comienza a apaciguarse en octubre, noviembre y diciembre, el estado onírico no será tan predominante, porque estarás desovillando, integrando las lecciones de la ajetreada estación de crecimiento.

Normalmente, es durante los meses de invierno cuando tienes los sueños más claros e intensos. Éste es tu período de crecimiento espiritual o interior. Las lecciones que no aprendiste entre la primavera y el otoño regresarán en la siguiente primavera. Te estás preparando para la próxima estación de crecimiento y se te están mostrando todas las cosas en las que tienes que trabajar. Durante el invierno, tu formación interior se intensifica. Estarás más capacitado para recordar tus sueños, incluso si no estás trabajando con ellos. El invierno es también un período para sembrar. Te estás preparando para florecer en primavera. Ésta es una época para establecer tus metas para la primavera, para pedir revelaciones y para determinar tu camino.

A los sueños también les afecta el ciclo lunar. Cinco días antes de la luna llena, los sueños empiezan a ser cada vez más intensos y claros, llegando a su punto más alto con la energía de la luna llena. Si no estás centrado, la luna llena puede dispersar tu energía y es posible que tus sueños te parezcan extraños. Durante el ciclo de la luna llena es posible que te deprimas o experimentes una fluctuación de la energía hacia los extremos. Por otro lado, cuanto más centrado y en control de tu vida estés, menos te afectarán las influencias externas. Así pues, podrás usar todas las energías para tu propio beneficio, invitándolas a intensificarse y a hacerte comprender las cosas de una manera nueva, en lugar de dejar que te descoloquen.

Comprender que eres energía

A menudo, los sueños nos muestran qué centros de energía o chakras están fuera de equilibrio. Si en el sueño te han dado una puñalada en el corazón, por ejemplo, ello indica que estás perdiendo energía del chakra del corazón. Es posible que te estés implicando demasiado en los problemas de otras personas y sintiendo empatía con ellas, en lugar de ver que se están preparando para una gran experiencia de aprendizaje. O quizás estás dando energía amorosa a tu pareja y no estás recibiendo nada a cambio. En estos casos, es de gran ayuda prestar atención en los sueños a la zona del cuerpo que es destacada y comprender la lección que la acompaña.

Para entender los chakras, primero debemos reconocer que somos seres de energía, sistemas de campos energéticos que penetran unos en otros. Nos experimentamos a nosotros mismos como hombres y mujeres que habitan un cuerpo, pero ésta es una percepción muy limitada de quiénes y qué somos en realidad.

Hay una energía vital, o fuerza de Dios, tanto si quieres llamarla Espíritu Santo, mente universal, energía psíquica, energía sexual, amor o kundalini. Yo utilizo el término *kundalini* porque eso es lo que me ha enseñado mi guía.

Hay siete centros de energía básicos o chakras. La palabra *chakra* proviene del término sánscrito que significa «rueda». Los clarividentes que perciben estas dimensiones energéticas más sutiles del sistema humano ven cómo cada chakra gira como una rueda de energía. Aunque esto forma parte de la tradición hindú desde hace siglos, en Occidente sólo hemos llegado a conocerlo recientemente. Estamos empezando a reconocer, por ejemplo, que la acupuntura y la maestría en las artes marciales están edificadas en torno a una comprensión del poder y el fluir de estas fuerzas en nuestro interior.

Los chakras se corresponden aproximadamente con las dimensiones etéricas de nuestras glándulas endocrinas. El alma (o cuerpo etérico) está conectada con el cuerpo físico a través de estos centros.

Los chakras nos proporcionan la clave para comprendernos a nosotros mismos como seres expandidos. Los centros están ubicados en la base de la columna vertebral, en los órganos sexuales, el plexo solar, el corazón, la garganta, entre las cejas (tercer ojo) y en la coronilla de la cabeza. Hay muchos puntos focales de energía dentro del sistema humano, pero éstos son los principales.

Cada chakra representa una forma de entendernos a nosotros mismos y al mundo, un modo de percibir la realidad. Si suprimimos o bloqueamos la energía en cualquiera de estos niveles, la enfermedad se manifestará en la zona del cuerpo correspondiente. Diferentes enfermedades se manifestarán como resultado de un bloqueo en cualquier chakra, dependiendo de la constitución mental y física del individuo. Además, si un chakra estuviera demasiado abierto, el resultado podría ser una enfermedad, pues no tendríamos control de la cantidad de energía que fluye a través de él.

Nuestra salud depende de un equilibrio dinámico de energía entre los chakras, además de un equilibrio de las polaridades masculina y femenina interiores. Debemos aprender a despertar y dirigir la energía por nuestros sistemas para conservar una salud y un bienestar óptimos.

Es importante darse cuenta de que todos los chakras están abiertos hasta cierto punto, pero que tendemos a funcionar con unos más que con otros. En cada persona habrá uno o dos chakras que serán más débiles que los demás, y la tensión o la enfermedad se manifestarán en ellos o en los que estén bloqueados. La represión emocional, por ejemplo, se manifestará como enfermedad en la zona

18

en la que haya menos energía (el chakra bloqueado) y luego se extenderá a otras áreas. El cáncer, que es el resultado de una represión, se manifiesta detrás del chakra que está bloqueado. Podría ser consecuencia de una tensión, de un miedo, pensamientos negativos o de recrearte en tu propia infelicidad y no realizar ningún cambio. Éste es el resultado final de no haber sido consciente. La clave está en abrir el sistema, limpiar y despejar el campo energético con los procesos naturales de sanación, y soltar las pautas de pensamiento negativo que son las causantes de la desarmonía.

El chakra de la raíz

La energía vital o kundalini se aloja en la base de la columna vertebral. El primer chakra, o chakra de la raíz, sirve como desencadenante para liberar esta energía.

En el primer chakra no debería haber ningún bloqueo de energía. Es como un banco de almacenamiento para el kundalini. El kundalini asciende de una forma natural en dos ocasiones en nuestras vidas: en la pubertad y en la menopausia. En la pubertad, cuando el kundalini se activa, hace que la entidad tome conciencia de que ella es una determinada vibración física, y entonces la química masculina y femenina entran en alineación. Pero éste, además de ser un período de intensificación de la conciencia sexual, también lo es de creatividad.

Por otro lado, en la menopausia que experimentan hombres y mujeres, el kundalini asciende como otra oportunidad para utilizar esta energía vital para renovar el ser físico, mental y espiritual. Tanto en los hombres como en las mujeres se produce un cambio hormonal. La energía suele quedarse atascada en el segundo chakra, o chakra sexual, y las personas suelen elegir tener lo que ellas llaman una última aventura amorosa antes de entrar en la tercera edad. Pero si se comprendiera verdaderamente esta energía, se la podría transmutar a un nivel superior de vigor y bienestar. Ciertamente, esto no debería significar que nos estamos haciendo viejos, sino que ahora tenemos una mayor creatividad que puede lanzarnos hacia la época más creativa y productiva de nuestra vida.

La pubertad y la menopausia están llenos de tensiones debido a los cambios que tienen lugar, pero si entendemos esa energía y practicamos la meditación, podemos tener períodos intensificados de crecimiento que abrirán las puertas a una vitalidad continuada.

El ideal es aprender a desencadenar esta energía desde el chakra de la raíz siempre que lo necesitemos, a utilizarla para mantener un nivel de conciencia elevado en todo momento. Lo importante que hay que recordar aquí es que está siempre contigo, como una reserva infinita de vitalidad y fuerza.

El segundo chakra

El segundo chakra o chakra sexual es el primero que se puede bloquear. La supresión de energía aquí puede ser el resultado de temores y sentimientos de culpa respecto al sexo, de sentirte inadecuado en el papel sexual, de tener relaciones sexuales con poca frecuencia, de tener problemas matrimoniales, de sentirte insatisfecho en el amor y de ser promiscuo, de aferrarte a recuerdos desagradables de relaciones anteriores o de intentar llevar una vida célibe y no saber cómo canalizar la energía hacia los centros superiores.

La represión se expresa en forma de violencia, explosiones de ira, problemas de próstata o en los órganos femeninos, colitis y otras afecciones físicas en la región abdominal inferior.

Es importante utilizar y liberar de algún modo la energía del segundo chakra, ya sea a través de la masturbación, de una salida creativa, de relaciones sexuales, de la meditación o de una combinación de estas cosas. Es de vital importancia que estemos en contacto con nuestras necesidades sexuales y determinemos si estamos bloqueando la energía en este centro.

El tercer chakra

El tercer chakra o chakra del plexo solar es la zona en la que la mayoría de la gente experimenta dificultades, particularmente las personas sensibles. Esto es lo que yo llamo el chakra de la preocupación. Se trata de un centro sumamente vulnerable.

Si este chakra no está equilibrado o está demasiado abierto, la persona puede captar los asuntos de los demás, ya sean positivos o negativos. Uno experimenta un nerviosismo extremo y puede encontrarse con problemas de vejiga, úlceras u otros problemas estomacales.

Para equilibrar este chakra uno debe aprender a distanciarse de los asuntos de los demás, y la mejor manera de conseguirlo es acumulando energía en la meditación, haciendo más ejercicio físico y dando a la energía alguna salida creativa. Cuando este centro está equilibrado, puede servir como una valiosa guía intuitiva, ya que entonces ya no estará influida por el miedo y la ansiedad.

El cuarto chakra

El cuarto chakra o chakra del corazón es el primero de los centros creativos superiores. Éste es el centro del espíritu cristiano o el amor incondicional hacia uno mismo y hacia los demás. Es un hermoso nivel a través del cual uno experimenta la unidad con toda la vida, pero tiene un problema doble.

En primer lugar, si está demasiado abierto, captarás todo el sufrimiento y el dolor de la condición humana, siendo incapaz de desapegarte y tener una distancia de ello. Éste ha sido siempre uno de mis mayores problemas: soy tan consciente de tu sufrimiento que intentaré eliminarlo por ti, en lugar de ver cómo lo has creado y lo que estás aprendiendo de él. Esto hace que uno acabe representando el papel de madre consejera o padre consejero, el cual hace que uno se sienta seguro. No hay ningún problema con hacer esto durante parte del tiempo, pero también debemos trabajar con alguien en una relación de igual a igual en la que lleguemos a ser lo bastante vulnerables como para examinar nuestra situación.

En segundo lugar, si el centro del corazón está cerrado o amurallado, serás incapaz de amarte a ti mismo y de amar a otras personas. Estar amurallado en este centro no sólo te bloquea, impidiéndote ser sensible a los sentimientos de los demás, sino que puede tener como consecuencia una presión arterial elevada y problemas cardíacos. (Acumulamos y llevamos aquí muchos resentimientos y heridas, sobrecargando esta zona con una tensión innecesaria.)

El ideal es estar abiertos y canalizar la energía de este centro, pero percibiendo desde el chakra del tercer ojo, que es más objetivo.

El quinto chakra

El quinto chakra está asociado a una creatividad y una clariaudiencia (oír o percibir vibraciones más sutiles) superiores, y se bloquea fácilmente con la tensión. Los bloqueos se manifiestan aquí fácilmente como una tensión en la nuca, lo cual suele tener como consecuencia dolores de espalda y de cabeza, y tensión ocular. El reumatismo y la artritis son el resultado directo de un bloqueo a lo largo de la nuca y de los hombros. Los problemas de garganta también son el resultado de una represión en el quinto centro.

Otros bloqueos son provocados por no expresar verbalmente nuestras necesidades y nuestros verdaderos sentimientos. Expresar tu habilidad creativa y la comunicación contigo mismo y con los demás es importante para un funcionamiento correcto de este centro.

El sexto chakra

El sexto chakra, también conocido como el tercer ojo, no es un gran causante de enfermedades. Si una persona ha estado concentrada durante largas horas, puede experimentar una acumulación de tensión entre los ojos, lo cual produce dolor de cabeza o tensión ocular, aunque normalmente esto es consecuencia de un bloqueo del quinto chakra. Cuando la persona ha estado meditando durante un rato, el tercer ojo penetra en el chakra de la coronilla, o séptimo chakra, y los dos se convierten en un mismo centro.

El tercer ojo está asociado a la apertura del potencial místico y el conocimiento espiritual verdadero, a ver con el único ojo de la verdad. Cuando uno ha aprendido a dirigir la energía por este centro, puede convertirse en un poderoso rayo sanador, más potente que un láser.

El séptimo chakra

También conocido como el chakra de la coronilla, el séptimo chakra representa la unión con el yo divino. Las imágenes de santos y maestros religiosos muestran un anillo de luz en torno a la cabeza, visto por poetas, artistas y clarividentes, que es la emanación de energía de la fusión del sexto y el séptimo chakra. Este centro no está asociado al bloqueo y la enfermedad.

El propósito de todas las cosas

El propósito de todas las cosas es conocerte a ti mismo y ver todas las lecciones como oportunidades positivas para aprender y crecer. Esto suena muy fácil porque a mi guía siempre le ha gustado que las cosas sean sencillas. Hemos venido a la Tierra a aprender y cada uno de nosotros tiene libre albedrío y debe encontrar su propio camino. Aquello que buscamos está en nuestro interior. Aunque cuando nacimos no nos entregaron un manual de instrucciones para la vida, sí nos dieron unos maestros que caminan a nuestro lado.

Nadie hace este viaje solo. Cada uno de nosotros tiene un ángel guardián y un equipo de maestros que lo guían y apoyan a lo largo del camino. Estos seres sabios y poderosos no toman las decisiones por nosotros, pero nos ayudan a comprender las cosas para que podamos elegir sabiamente. No nos gustaría que otros, dentro o fuera del cuerpo, tomaran nuestras decisiones, ya que entonces no aprenderíamos.

Tres herramientas gratuitas

Las herramientas más valiosas para ayudarnos a lo largo la vida son gratuitas y están al alcance de todos: los sueños, la oración y la meditación. Si las aprovechásemos, desaparecería gran parte de los enigmas, la confusión y las dificultades de la vida.

Los sueños

Los sueños son, por supuesto, el tema de este libro. Nos proporcionan una lectura diaria de lo que está ocurriendo en nuestras vidas, una entrada a la mente superconsciente para obtener revelaciones, resolver problemas y recibir enseñanzas superiores provenientes del más allá.

La oración

A menudo, la oración no es comprendida correctamente como la valiosa herramienta interior que es. Muchas personas ven la oración como un medio para apelar a una deidad superior caprichosa, rogándole a Dios que les dé cosas, con la esperanza de que les serán concedidas. Este tipo de orientación hacia Dios pertenece a las Edades Bárbaras.

Dios le ha dado a cada uno de nosotros el poder creativo para manifestar cualquier cosa que desee en la vida. Ya tenemos toda la riqueza y el amor del Espíritu Divino en nuestro interior. Dios ya sabe lo que queremos y «el Padre se complace en daros el reino». La clave es que debes saber lo que quieres, o no podrás manifestarlo. La oración, entonces, es la formulación en tu mente de aquello que quieres o necesitas.

Rezar significa tener una gran claridad en tu interior. Es afirmar lo que sientes que contribuiría más a tu crecimiento y a tu conciencia en ese momento. Puedes pedirle a tu yo superior que te dirija o te guíe para que tomes las mejores decisiones posibles para ti, pero recuerda que eres tú quien debe elegir.

Con frecuencia, la oración se expresa en forma de afirmaciones positivas como: «Ahora se abre para mí la oportunidad profesional perfecta», «El estado natural de mi ser es la salud, la armonía y la totalidad», «El poder de Dios fluye a través de mí, fortaleciéndome y guiándome», «La relación perfecta se está manifestando en mi vida ahora», «Estoy siendo divinamente guiado y dirigido en todo lo que hago».

Es posible que hayas oído a algunas personas decir que la oración no funciona. Funciona si entiendes lo que estás haciendo. En la ley de la mente, los iguales se atraen. Si afirmas y sientes amor y totalidad, lo atraes a tu vida. Si afirmas la prosperidad, la invitas a morar en tu conciencia y en tus asuntos. La mayoría de nosotros pide cosas por un sentimiento de miedo y separación, en lugar de reconocer nuestra unidad con Dios y nuestro derecho divino como seres espirituales. Pedimos cosas sin tener realmente la sensación de que tenemos el poder de crearlas, de hacer que se manifiesten. Cualquier cosa que creamos en nuestro interior debe manifestarse en el exterior.

Además, a menudo, la duda y los sentimientos de ser indignos, el marchamo de «no me lo merezco», rodean nuestras oraciones y, así, minamos nuestros propios esfuerzos.

Para rezar eficazmente, relájate y quédate muy quieto en tu interior. Llénate de un intenso sentimiento de amor, de totalidad, de poder y de armonía con Dios. Si lo deseas, puedes repetir afirmaciones como: «Sólo hay una Presencia y un Poder, Dios, el Bien. Estoy relajado y en paz con esta Presencia interior. Todas las cosas están trabajando conjuntamente para mi bien. El espíritu de Dios está activo en mí ahora y yo formulo objetivos claros que me conducen a la expresión de mi mayor bien. Reconociendo el poder de Dios en mi interior, ahora pido o afirmo...», y luego declara tu oración.

Cuando reces, especialmente si es para pedir cosas, oportunidades o una determinada relación, acuérdate siempre de añadir: «Esto o algo mejor». Con demasiada frecuencia, la mente racional está sujeta a los detalles. La forma de actuar de la mente superior, o Dios, ciertamente está más allá de la comprensión de nuestra conciencia cotidiana. Una nueva dimensión maravillosa o una oportunidad que no se te había ocurrido puede estar esperándote, pero llegará a tu vida si estás abierto a recibirla. La oración no debe usarse jamás de forma manipuladora, pues no llegarías a ninguna parte. Es inútil rezar para que alguien cambie para adecuarse a tus expectativas, o para que una persona te ame. Evita intentar dirigir las vidas de los demás mediante la oración. Podemos enviar luz y amor a otras personas, pero debemos honrarlas y liberarlas para que los utilicen de la manera que ellas consideren conveniente.

El amor, las oportunidades, la alegría y la abundancia nos están esperando, pero es posible que no lleguen a través de las personas o situaciones específicas que teníamos en mente. Debemos estar dispuestos a ponernos, y poner a otras personas, en manos de Dios, confiando en que encontraremos lo que buscamos y que todo está funcionando para nuestro bien.

La oración es, entonces, una manera de concentrar nuestra mente consciente en los objetivos y en la dirección de nuestra vida. Es honrar el poder de Dios en tu interior para respaldar y actualizar unos deseos que son para tu mayor bien.

La meditación

La meditación es una autopista hacia la iluminación. Nos ayuda a ponernos en contacto con el maestro o Dios interior. Nos abre a fuentes de energía superiores y recarga el cuerpo, la mente y el espíritu. La percepción depende de nuestro nivel de energía, y la meditación siempre es una manera de mantener la energía en su nivel más alto.

Aunque con la meditación se experimentan cambios positivos inmediatamente, muchos de ellos son graduales. Experimentarás una reducción del estrés y la tensión, una mejoría general en tu salud, y sentimientos de paz. Pero la meditación no es una droga maravillosa que alivia todas las dolencias de la noche a la mañana, sino que empieza sensibilizándote a los problemas que tienes a la mano y manteniendo tu nivel de energía, para ayudarte a lidiar mejor con cualquier cosa a la que te enfrentes. Te da ojos para ver y oídos para oír, para que veas que estás recibiendo de la vida exactamente lo que crees merecer: ¡ni más ni menos!

La meditación que yo enseño me fue transmitida por mi canal. Se trata de un método del antiguo Egipto y es uno de los más rápidos y más fáciles. En realidad, el proceso completo tiene dos partes. Primero está la concentración, un esfuerzo mental dirigido que precede a la meditación. La concentración aquieta la mente y la concentra conscientemente en algo. En segundo lugar está la meditación, durante la cual relajas la concentración mental y permites una recepción de libre fluir.

Esta técnica requiere aproximadamente unos veinte minutos diarios. Es mejor meditar cuando uno está alerta, en lugar de hacerlo inmediatamente después de haber comido mucho o cuando uno está muy cansado.

Quizás descubras que las primeras horas de la mañana son las mejores, porque puedes intensificar tu energía y orientarte de una forma positiva antes de empezar cada día. O es posible que prefieras meditar justo antes de irte a dormir. Esto te ayudará a despejar el desorden del día y aumentar tu energía para estar más receptivo a las enseñanzas que recibas en los sueños. Cualquier momento es mejor que ninguno, y el que se adapte mejor a tu horario personal será el mejor para ti. Pero deberías elegir una hora en la que haya silencio y nadie te moleste, ya que un ruido fuerte podría hacerte dar un salto en medio de la meditación. Antes de empezar, podrías dedicar unos minutos a leer algo que te inspire, como poesía o escritos religiosos, o podrías escuchar música que te anime. Esto te ayudará a desconectar de las preocupaciones del día y a prepararte para meditar.

En todos mis libros incluyo esta técnica de meditación, la cual puede resumirse en siete pasos:

1. Siéntate en una silla con respaldar recto, con la columna erguida y los pies planos sobre el suelo. Tu espalda no debería tocar la silla. Cruza las manos sobre tu regazo o mantenlas en posición de oración. Las manos deben tocarse. Los ojos pueden estar abiertos o cerrados.

2. Respira hondo, lentamente, varias veces, y siente cómo te vas relajando. Imagina que una luz blanca brillante te rodea por completo y te protege mientras abres unos centros de energía sensibles.

3. Concéntrate apaciblemente en una sola idea, imagen o palabra durante unos diez minutos. Elige algo que sugiera paz, belleza o un ideal espiritual, o simplemente escucha una música suave y relajante. Si usas música, permanece con la melodía y las palabras durante los veinte minutos completos.

4. Si tu mente se aleja de tu objeto de concentración, hazla regresar suavemente a tu punto focal. (Sorprendentemente, pronto descubrirás que tu capacidad de disciplinar la mente se hace mucho más fuerte.) Aquietar la mente del todo toma unos veinte años, de modo que no te desanimes. Funciona a pesar de nosotros.

5. Pasados diez minutos, separa las manos y vuelve las palmas hacia arriba, sobre tu regazo. Si tienes los ojos abiertos, ciérralos.

6. Relaja el asimiento en el objeto de la concentración, y lleva tu mente a lo neutral. Permanece pasivo pero alerta durante diez minutos. Observa plácidamente los pensamientos e imágenes que puedan ir y venir. Simplemente quédate quieto, indiferente, y fluye con cualquier cosa que estés experimentando.

7. Transcurridos diez minutos, haz tus afirmaciones y visualizaciones, ya que ahora te encuentras en tu momento más relajado y centrado. Luego, cierra las palmas de las manos e imagina, una vez más, que estás rodeado de una luz blanca o dorada. Ahora abre los ojos. La luz envía amor y sanación a otras personas y, sin embargo, impide que su estrés/tensión te influya mientras realizas tus actividades diarias.

Este período de veinte minutos no es, sin embargo, nuestra única práctica. Deberíamos esforzarnos en practicar la actitud de la meditación, observando nuestros pensamientos y nuestro comportamiento a lo largo de cada día. De este modo, la meditación puede ayudarnos a estar más implicados en la vida, porque podemos observar cómo creamos nuestras experiencias. A veces los cambios son dramáticos y a veces son sutiles, pero la meditación cambia tu vida, porque te cambia a ti.

Si meditas con regularidad, despejando el día sobre la marcha, pidiendo comprender tus problemas, no necesitarás tantos sueños que te muestren lo que está ocurriendo en tu vida. Ya lo sabrás. Verás cómo te estás fortaleciendo. Además, tendrás una mayor claridad respecto a los objetivos y la dirección en la vida que pueden formularse y manifestarse a través de la oración.

Las imágenes de los sueños y las imágenes de la meditación son la misma cosa. Pero hasta que llegues a tener una gran claridad y a ser muy objetivo, será bastante fácil que la mente consciente se interponga en el camino de las revelaciones que recibas durante la imaginación. Es por esta razón por lo que el estado del sueño es mucho más confiable hasta que uno ya lleve varios años meditando y sea capaz de reconocer la diferencia entre el deseo consciente y la auténtica dirección intuitiva.

2

Trabajar con los sueños

Cómo recordar un sueño

Todos podemos aprender a recordar los sueños. Éste, por supuesto, es un requisito para trabajar con los símbolos que hay en ellos. Cuando consigas recordarlos de forma fidedigna, podrás empezar a programarlos para la resolución de problemas.

La manera más eficaz de trabajar con los sueños es llevar un diario de ellos. Cuando lo hagas, pon la fecha en cada anotación, pues empezarás a ver pautas y temas recurrentes a medida que vayan transcurriendo las semanas. Si no comprendes algún mensaje importante de un sueño, tendrás más sueños que intentarán transmitirte la misma información, de modo que no te preocupes pensando que estás perdiéndote una gran lección, pues recibirás el mensaje una y otra vez, hasta que finalmente captes la idea. Lo más importante para aprender a recordar un sueño es tu intención de hacerlo.

Antes de ir a dormir, siéntate en el borde de tu cama (si te acuestas, podrías quedarte dormido antes de terminar el proceso), respira profundamente varias veces y relájate. Luego, di para ti mismo: «Esta noche *quiero* recordar un sueño y *recordaré* un sueño. En cuanto me despierte, lo pondré por escrito». A continuación, vete a dormir, dejando una libreta y un lápiz junto a tu cama, con la *expectativa* de recordar y escribir un sueño en cuanto abras los ojos. Si lo prefieres, puedes registrar tu sueño en una grabadora.

Cuando despiertes, tanto si lo haces a las tres de la madrugada o a la mañana siguiente, registra inmediatamente las impresiones, imágenes o sentimientos que tengas sobre el sueño antes de levantarte. Si no sueles recordar tus sueños, es posible que sólo tengas una vaga sensación de ellos: un sentimiento de frustración, de alegría, de preocupación o de paz. Limítate a escribir cualquier cosa que percibas en el momento de despertar. Si recuerdas bien la mayoría de las imágenes del sueño, escríbelo todo con el mayor detalle posible: personas, vehículos, escenarios, objetos, colores, formas, números, etc.

Si no pones tu sueño por escrito inmediatamente, lo perderás. No creas que puedas volver a dormirte y que lo recordarás más tarde. Estás en un estado de conciencia alterado; ese estado entre medio despierto y medio dormido, cuando acabas de abrir los ojos. Hasta que aprendas a tender puentes entre los niveles de conciencia, no serás capaz de recordar tu sueño cuando estés totalmente despierto. Es por este motivo por lo que debes decirte a ti mismo que recordarás y que anotarás el sueño.

Al continuar practicando esta técnica de escribir el material, llevándolo de la mente superconsciente a la mente consciente, estás aprendiendo a tender un puente en la brecha que hay entre los niveles de conciencia.

Sueñas durante toda la noche, pero a menudo tus mejores sueños con enseñanzas son los que tienen lugar entre las tres y las cinco de la madrugada, o los que tienes justo antes de despertar. Ciertamente, si estás trabajando en un turno de noche y duermes durante el día, tu horario de sueños se adaptará a tus ritmos biológicos. Pero los sueños pueden llegar en cualquier momento: durante una siesta por la tarde o al echar una cabezada después de cenar.

Utilizar los sueños para resolver problemas

Incluso si no utilizas los sueños conscientemente para resolver problemas, sin duda habrás tenido la experiencia de despertar por la mañana con una respuesta clara y sencilla a un problema. Es posible que ni siquiera recuerdes el sueño, pero sabes lo que debes hacer en esa situación. Esta técnica ha sido utilizada durante siglos para recibir revelaciones. La mente consciente puede batallar con un problema, pero cuando éste es liberado a la mente superconsciente, los recursos infinitos más grandes de la conciencia, la respuesta aparece sin esfuerzo.

Sin embargo, programar deliberadamente tus sueños para obtener respuestas a tus problemas es tener un control todavía mayor del estado del sueño y dejar que trabaje para ti.

Para utilizar los sueños para resolver problemas, siéntate otra vez en el borde de la cama antes de dormir. Respira hondo varias veces, relájate y trae el problema a tu mente. Tanto si es concerniente a las relaciones, a tu carrera, a la salud, a la inspiración para un proyecto creativo, o lo que fuere, repasa mentalmente todos los aspectos del problema que te parezcan relevantes. Has pensado en él, has reflexionado sobre él, pero no estás seguro respecto a cuál es la mejor dirección que hay que tomar, o la solución más positiva.

Además de repasar mentalmente el problema, explóralo con tus sentimientos. Luego, repite mentalmente: «Esta noche tendré un sueño que contendrá información para la solución de este problema, y lo recordaré. El problema es sobre... [descríbelo brevemente, de la manera más objetiva posible]. Ahora tendré este sueño y lo recordaré, lo comprenderé y lo anotaré al despertar. Estoy abierto a la comprensión y la orientación más elevadas posibles». Luego, duérmete, liberando completamente la situación de tu mente, descansando en la expectativa de que recibirás la respuesta.

En cuanto despiertes, escribe todo lo que seas capaz de recordar. Anota cualquier sensación general del sueño, los sentimientos, las impresiones y las imágenes. Es posible que despiertes con un recuerdo nítido de un sueño que, al ser analizado, te proporcionará una respuesta muy clara. Quizás despiertes con la firme sensación de que, simplemente, sabes lo que tienes que hacer. También es posible que en algún momento del día algo en la realidad de vigilia desencadene una imagen o una impresión del sueño, y así obtendrás tu respuesta.

Quizá recuerdes un sueño que no consigues comprender. Limítate a registrarlo y continúa el proceso la noche siguiente. Evita decirte que el proceso no está funcionando. Está funcionando: lo único que ocurre es que todavía no lo has entendido. De modo que, si al despertar no obtienes la respuesta que querías, haz otra pequeña relajación antes de empezar el día. Sugiérete: «He entregado completamente este problema o situación a una sabiduría superior que está dentro de mí. La respuesta se me está presentando ahora. Estoy abierto y receptivo». Luego, aparta la inquietud de tu mente. Aferrarte a ella o preocuparte bloqueará tu percepción. Si no recibes la respuesta durante el día, repite el procedimiento de programación una vez más antes de irte a dormir. Deberías obtener la respuesta a cualquier problema dentro de un período de tres días.

Algunas personas me han dicho: «Pero he intentado programar mis sueños y simplemente no ha funcionado». Puede haber una variedad de razones. En primer lugar, cualquier cosa que afecte a la química del cuerpo de una forma significativa (alcohol, drogas, barbitúricos, Valium, somníferos) puede arruinar por completo el recuerdo de los sueños. Incluso si los recuerdas, tus sueños no serán claros. Una comida copiosa antes de ir a dormir también afecta a la vida onírica de forma negativa.

En segundo lugar, es importante estar relajado cuando uno programa o pide un sueño. Respira hondo y relaja tu cuerpo. Aquieta la mente consciente lo suficiente como para poder concentrarte en la técnica de programación. Siente el deseo de resolver el problema o de obtener una revelación en tus sueños. No te limites a pronunciar las palabras. Necesitas el sentimiento del centro del corazón, pero también el desapego y la claridad del tercer ojo para no reaccionar de forma emocional. Ámate a ti mismo por haber creado la situación, que es una maestra valiosa. Ámate por desear resolverla ahora y dejarla atrás. Ama a todas las personas implicadas por haberte ayudado a aprender y a conocerte a ti mismo. Cuando uno se aproxima a la resolución de los problemas a través del amor, las respuestas llegan más fácilmente.

En tercer lugar, pregúntate: «¿Realmente quiero saber qué es lo mejor? ¿O estoy intentando imponer la respuesta? ¿Estoy verdaderamente abierto a la mejor y más elevada solución, o estoy bloqueando mi receptividad mediante el miedo?». A veces preguntamos cosas que realmente no queremos saber. Particularmente si el problema implica tomar una decisión respecto a una transición importante (dejar una relación, cambiar de empleo, asumir la propia responsabilidad), es posible que en realidad no queramos oírla. Pide y recibirás, pero debes hacerlo de forma honesta y abierta.

Por último, es posible que no estés haciendo la pregunta adecuada. Las preguntas siempre deberían tener que ver con entendernos a nosotros mismos, no con cómo cambiar o manipular a los demás. Si estás preguntando cómo hacer que tu pareja deje de beber, vas mal encaminado. En lugar de eso, date cuenta de que es su responsabilidad cambiar, y que quizá todo el amor y el apoyo del mundo no sean suficientes para ayudarla. La pregunta debería ser: «¿Por qué he creado esta situación para mí?», «¿Qué hay en mí que necesita cambiar para permitirme tener una vida llena de amor y feliz?». Por una necesidad de ser necesitado, un síndrome del mártir, una mala imagen de ti o una serie de otras cosas, es posible que te sientas atascado en una situación. Sólo te puedo asegurar una cosa: con una comprensión genuina de ti mismo, la situación cambiará. Quizá tengas que abandonarla, tal vez no. Pero, por encima de todo, debes desear tener sabiduría, en lugar de ideas limitadoras acerca de ti y de los demás.

Recuerda que lo más grande que podemos hacer por otra persona es honrar su poder interior para tomar decisiones y elegir el tipo de vida que desea vivir. Todos somos libres de cometer nuestros propios errores. Ésa es la única manera de aprender. Cuando uno está demasiado preocupado por arreglar la vida de otra persona, puede estar seguro de que está escabulléndose de sus propias lecciones. Si te estás diciendo: «Si tal y tal cosa cambiara, entonces todo iría bien», eso indica claramente que estás evadiendo tu responsabilidad.

De modo que pide comprenderte a ti mismo. Deja libres a los demás para que aprendan sus propias lecciones. Ciertamente, puedes rezar por otras personas y enviarles amor, pero hazlo de una manera que honre a su yo superior, dándoles la energía y la libertad para tomar sus propias decisiones, para determinar cuál es el mejor camino para ellas en la vida, tanto si te incluye a ti y tus expectativas como si no es así.

Tipos de sueños

Hay seis tipos básicos de sueños, y a menudo recordarás trocitos de varios de ellos. Cuando empieces a trabajar cada vez más con tus sueños, reconocerás las diferencias y determinarás el valor de lo que cada uno de ellos te ofrece. Así es como yo llamo a los distintos tipos de sueños: de limpieza de la casa o de desorden, de enseñanza, de resolución de problemas, precognitivos, proféticos o visionarios, y de interferencia externa.

• *De limpieza de la casa.* Estos sueños limpian lo que hemos recibido durante el día, separando lo mental de lo emocional, repasando las experiencias. A menudo, cuando intentas dormirte, tu mente todavía está yendo a cien por hora. Estás preocupado, angustiado, estresado. Estos sueños inician el proceso de liberar las preocupaciones inútiles e integrar las útiles. Ayudan a que el cuerpo y la mente se empiecen a relajar.

Si meditas antes de irte a dormir, aquietando y centrando la mente, los sueños de desorden suelen ser innecesarios. Si practicas repasar el día mentalmente, bendiciendo, liberando y perdonándote a ti mismo y a los demás, estarás preparado para un nivel de conciencia más elevado en el estado del sueño. Además, tendrás más energía y tus sueños serán más claros.

• *De enseñanza.* Normalmente, uno suele tener un sueño de enseñanza importante cada noche, el cual te proporciona información acerca de los problemas a los que te enfrentas, o te muestra enseñanzas superiores de niveles avanzados. Te prepara para lo que va a ocurrir en las siguientes veinticuatro horas. A menudo, una experiencia de *dejà vu* es recordar lo que la mente superconsciente almacenó en la memoria subconsciente durante el estado del sueño. Uno ya sabía que iba a decir algo de determinada manera, o que una persona en particular iba a hacer o decir alguna cosa. La mayoría de los sueños tienen que ver con lo que estás viviendo en esos momentos y con cuál es la mejor manera de lidiar con las situaciones y relaciones.

Es posible que te veas sentado en un salón de clase, dando o recibiendo una lección, o caminando con un maestro en un entorno muy bello. Quizá oigas una información que desconocías hasta el momento y la recuerdes bien al despertar. Muchos descubrimientos e inspiraciones han provenido de niveles superiores en estos sueños de enseñanza.

• **De resolución de problemas.** Estos sueños han sido programados o solicitados por ti. Es posible que estés buscando revelaciones para comprender una relación difícil, para resolver un misterio científico, o pidiendo el argumento para una nueva novela. Todo el conocimiento y la información están disponibles para ti cuando aprendes a acceder a ellos. Aprender a programar los sueños y a comprender sus mensajes es uno de los recursos internos más valiosos.

• **Precognitivo.** Este tipo de sueño te proporciona una vislumbre de algo del futuro. Es distinto a la experiencia de *dejà vu* porque la precognición suele concernir a otra persona. *Precognición* significa «saber algo de antemano». En el sueño precognitivo hay una sensación o un sentimiento especial. Cuando aprendas a reconocerlo, sabrás qué imágenes son simbólicas y cuáles pueden llegar a ser hechos precognitivos literales. Éste es un fenómeno del nivel psíquico.

La mayoría de sueños precognitivos tienen lugar para despertar a la persona a las dimensiones expandidas de la mente. A menudo, la gente que no medita tiene este tipo de sueños, pues entonces se ve obligada a preguntarse cómo es que sabe tal y tal cosa acerca de determinada persona. La mente, por supuesto, no está limitada por el tiempo. Con suerte, estos sueños dirigirán tu atención hacia tu interior, para que empieces a interesarte más en desarrollar tu yo interior y saber más acerca de él.

• *Profético o visionario.* Este tipo de sueño proviene del nivel más elevado del alma. Es un mensaje de Dios o del Yo-Dios, y concierne al crecimiento espiritual. Proviene del nivel de conciencia místico. Puede contener un mensaje personal o una verdad universal. La visión está a una escala mucho mayor de la que suele asociarse a los sueños. Posee una cualidad de conciencia totalmente distinta. Sabes que estás despierto, consciente, pero también te das cuenta de que estás soñando. Las profecías de las enseñanzas antiguas y místicas han llegado a través del nivel de conciencia visionario. Una visión contiene muchas cualidades: revelación, comprensión, expansión, realización de la unicidad de toda la vida, poder y amor. Es posible que yo tenga solamente una visión en todo un año, pero siempre vale la pena esperarla.

• *Interferencia externa.* Este sueño se produce cuando algo en tu entorno físico está causando las suficientes alteraciones como para ser incorporado a la historia de tu sueño. Por ejemplo, puedes soñar que tienes mucho calor y al despertar descubres que tienes demasiadas mantas apiladas encima de ti. Teléfonos que suenan, perros que ladran, unos pies fríos sobre tu espalda: cualquier cosa puede ser parte de tu sueño, sin que haya ningún mensaje del superconsciente o del yo superior.

Además, si te quedas dormido viendo la televisión u oyendo la radio, parte de la información o la totalidad de ella puede afectar a tus sueños. Siempre es mejor dormir en un entorno silencioso y relajado. El subconsciente ya recibe suficiente ruido durante el día como para que tengamos que añadirle más durante las horas de sueño.

Una indigestión o una vejiga llena también afectan a las imágenes de los sueños. Cuando interpretes tus sueños, ten presente que puedes estar captando estas interferencias externas.

Anatomía de un sueño

Con frecuencia, los sueños se presentan en tres pasos. Primero dan la referencia del marco temporal para el problema, la situación o el programa que estás realizando. Por ejemplo, si se te muestra la casa en la que vivías en tu infancia, dicha casa representa un antiguo programa o una conciencia de ti mismo que tuvo su inicio entonces.

En segundo lugar, se te mostrará cómo se está manifestando el problema actualmente en tu vida y en tu conciencia actual: lo que lo rodea.

En tercer lugar, se te presentará la solución a la situación, o cómo aprender algo del programa o problema que te está limitando y cómo dejarlo atrás.

La mayoría de los sueños de enseñanza seguirán este formato. Si recuerdas haber visto un automóvil, una casa, una escuela o una persona de tu pasado, eso suele formar parte de la primera fase del sueño.

Entender los símbolos de los sueños

Lo más curioso acerca de los sueños es, quizá, que nos hablan mediante símbolos. Es posible que éstos nos parezcan extraños pero, cuando comprendemos su significado, son mucho más claros que nuestra forma habitual de intentar comunicarnos con nosotros mismos y con los demás.

¿Por qué, te preguntarás, tengo que pasar por toda la simbología de los sueños? ¿No sería más fácil simplemente recibir el mensaje de una forma directa? La comunicación entre las personas es, en el mejor de los casos, difícil. En muchas ocasiones tendemos a malinterpretar las cosas debido a los bloqueos y los filtros perceptivos. Mi guía me ha dicho que los sueños se transmiten simbólicamente porque, cuando uno conoce sus propios símbolos, no puede entender erróneamente el mensaje. Sabrás al instante lo que se te está ofreciendo y lo comprenderás del todo. En realidad, los símbolos son como la taquigrafía y son mucho más fáciles de interpretar que una conversación verbal.

Trabajar con los símbolos de los sueños podría compararse con tocar el piano. Cuando empiezas, tienes el convencimiento de que ésta debe ser la actividad más extraña y complicada que has realizado jamás. Pero después de una rutina de práctica regular, tu nueva habilidad se convierte en una parte natural de tu vida, que fluye fácilmente.

Tomemos el ejemplo de la industria informática. Si no entiendes el lenguaje de los ordenadores, todo te parece extraño y difícil. Si oyes a alguien hablar una lengua distinta a la tuya, tienes la sensación de que «está hablando en chino». Pero si sabes hablar, leer y escribir en chino, entonces es otra historia.

El punto de partida

Existen algunos símbolos primarios de los sueños que suelen tener los mismos significados. Un buen punto para comenzar es darte cuenta de que todo lo que forma parte del sueño eres tú. Tú eres el productor, el escritor, el actor y el director. Las personas que aparecen en tu sueño suelen representar cualidades que tú posees y que has proyectado en ellas. Las figuras femeninas y masculinas representan tus propias energías masculinas y femeninas. Un niño o una niña representa al niño o la niña que hay en ti, una persona anciana representa la parte vieja de tu ser, ya sea una parte sabia o una que está muriendo porque ya la has superado. Los animales representan sentimientos que tú tienes respecto a animales específicos, o características asociadas a ellos. Por ejemplo, el lobo es el peligro, como en el caso del lobo disfrazado de oveja, y el zorro es el engaño y la astucia.

Una casa, un edificio, un almacén u otra estructura eres tú. Si es grande, indica un gran potencial y la percepción de oportunidades o recursos internos. Si las habitaciones están desordenadas, obviamente no estás manteniendo tu casa en orden. Si algunas habitaciones son oscuras, son partes de tu ser que no conoces o no comprendes. El ático o los pisos superiores representan al yo espiritual, la planta baja al yo físico o cotidiano y el sótano al yo sexual o subconsciente. Las diversas habitaciones y la forma en que están decoradas y arregladas indican ese aspecto particular de tu vida: el baño, limpiar, eliminar, liberar; el comedor, nutrir, compañerismo, etcétera.

Cualquier vehículo (un coche, un avión, una nave espacial, un barco) también te representa a ti. Se trata de tu forma de viajar o de estar en el mundo. Un automóvil es un vehículo físico e indica cómo estás viajando en tu vida diaria. ¿Retrocedes, desciendes por una montaña o vas en la dirección equivocada? ¿Se te ha pinchado una rueda? ¿Avanzas a gran velocidad con un control perfecto? Un bote o un barco es un vehículo emocional y te dice lo que está ocurriendo en tu vida emocional. ¿Estás experimentando sacudidas sobre los mares de la vida, subiendo y bajando? ¿Te encuentras en un muelle seco? ¿Estás al mando? ¿Llevas un ancla?

Un avión o cualquier vehículo aéreo es tu vehículo espiritual, y si vas camino al aeropuerto has de saber que te estás preparando para despegar hacia una nueva comprensión espiritual.

Una motocicleta o una bicicleta indican que necesitas equilibrio en tu vida.

El agua representa las emociones, el fuego es purificación, el aire es el yo espiritual y la tierra es el yo físico (o el grado en que tienes los pies en la Tierra).

Cuando empiezas a reconocer unos cuantos símbolos básicos, comienzas a buscar colores (no sueñas en blanco y negro), ropa, personas, escenarios, objetos, tamaños, números, palabras, letras, etcétera. Todo tiene su propia importancia. Las verjas o las vallas indican que el pensamiento creativo es necesario para superar un determinado problema al que ahora te enfrentas. Si estás en una autopista, es que las cosas marchan con facilidad. Si vas por una carretera con baches, quiere decir que lo conseguirás, pero que actualmente las cosas están un poco difíciles. Si estás pavimentando un camino, estás haciendo que el camino sea más fácil en el futuro.

Todos los símbolos que recibas (ya sea en una fantasía, en una meditación o en una visualización guiada) son la misma cosa: son mensajes codificados del yo para el yo. Cuando «captes la imagen», comprenderás la situación.

Tú tienes la última palabra

Recuerda que tu mejor intérprete siempre eres tú. Tú tienes la última palabra respecto al significado que tiene un símbolo para ti. No seas tan crédulo como para aceptar la interpretación de otra persona. Eso sería entregarle tu poder y despreciar el refinamiento y la confianza en tus propios recursos internos. Si la definición de un símbolo en un diccionario de sueños no te parece la correcta, búscala en un diccionario integral. A menudo, ahí encontrarás significados que nunca antes habías considerado, y cuando leas uno de ellos sonará una campanita en tu cabeza. Las definiciones que se ofrecen en este libro son generales, y si no se aplican a una situación específica, debes continuar buscando, reflexionando y meditando sobre el símbolo hasta que te revele su verdadero significado para ti. Cuando los solucionas, se tornan tan sencillos que comprendes que siempre has sido guiado por tu propio yo superior o Dios interior.

Tipos de sueños habituales

Nada está prohibido en el estado del sueño. Estamos abiertos a experimentar todos los niveles del ser, todos los miedos, frustraciones, imágenes reprimidas, territorios desconocidos y percepciones visionarias. Nos sentiremos más cómodos con todas las imágenes que aparezcan en los sueños cuando aprendamos a darles la bienvenida, sean las que sean, como mensajeras simbólicas del yo.

No existe ningún símbolo onírico que sea malo. Los sueños más grotescos o aterradores contienen unas revelaciones de lo más positivas cuando son comprendidos. Recuerda: las imágenes de los sueños simplemente están tratando de llamar tu atención, de modo que no te resistas a ellas. Intenta reconocer la revelación para poder pasar a una percepción más alegre. Muchas personas tienen los siguientes tipos de sueños habituales:

• *Pesadillas.* La pesadilla es un tipo de sueño que la mayoría de nosotros conoce. Es uno de nuestros sueños de enseñanza más valiosos, porque nos muestra un temor que se ha vuelto desproporcionado o algo que hemos reprimido y que nos está afectando negativamente. Con frecuencia, no recordamos los sueños felices, pero los que nos asustan nos impresionan más y nos inclinamos más a intentar comprenderlos.

Por ejemplo, un hombre tenía una pesadilla recurrente en la que una gran rata le comía el cuello. Despertaba gritando y agarrándose el cuello para quitarse de encima al animal. Al analizar el sueño, el hombre descubrió que el cuello representaba el chakra de la garganta. Él no estaba expresando verbalmente sus necesidades y esa represión estaba royéndole y provocando en él un comportamiento autodestructivo. La rata era una parte insegura de sí mismo que lo estaba traicionando. Siempre debemos mimar al yo interior, cuidándonos de transmitir verbalmente y expresar lo que queremos y lo que necesitamos. Cuando el hombre comenzó a dar pasos asertivos para resolver sus problemas en el trabajo y en las relaciones, el sueño de la rata dejó de producirse.

• **Sueños de desastres.** Tanto si se trata de un terremoto, una inundación, un incendio o un maremoto, un desastre indica un cambio repentino en un área de tu vida. Una inundación significa una convulsión emocional y un terremoto significa una gran reorganización en tus asuntos. Normalmente indican coyunturas u oportunidades para aprovechar una nueva dirección. (Véanse desastres específicos en la segunda parte.)

• **Sueños sexuales.** El sexo es una gran parte de muchos sueños, y normalmente tiene poco que ver con el significado literal de las relaciones sexuales. Por lo general, indica que uno está aprendiendo a equilibrar las polaridades masculina y femenina de su ser. Recuerda que cada uno de nosotros es a la vez masculino y femenino, manifestándose en un cuerpo en particular.

Tener relaciones sexuales en un sueño representa una fusión de energías. Si tienes relaciones sexuales con un hombre, es una fusión de las energías masculinas dentro de tu ser; si las tienes con una mujer, se trata de una fusión de energías femeninas. Si eres mujer (o hombre) y sueñas que estás haciendo el amor con otra mujer (u otro hombre), que realmente conoces, ello representa llevar a tu interior cualidades que tú asocias con dicho individuo en particular. Normalmente, hacer el amor con alguien de tu mismo sexo no tiene nada que ver con la homosexualidad.

Asimismo, tener relaciones sexuales en un sueño con un miembro de tu familia no indica un deseo de incesto. Si haces el amor con tu padre o con tu madre, ello representa una fusión de cualidades más sabias, afectuosas, del yo masculino o femenino; si lo haces con un hijo o una hija, es una integración de cualidades más infantiles o juveniles de ti mismo. Recuerda que todas las personas que aparecen en tus sueños son un aspecto de ti.

Un sueño sexual acompañado de un orgasmo podría indicar una necesidad de liberar y equilibrar la energía física, y ésa es la forma que tiene el cuerpo de restaurar el equilibrio. Debemos recordar que somos seres físicos, sexuales, y que esa parte del ser necesita ser honrada.

• **Sueños con trajes de época.** Si te ves vestido con un traje de época, normalmente ello representa una vida pasada. Podría ser que un problema al que te enfrentas ahora es el mismo que tuviste en otra época y en otro lugar. Recordar y comprender la dinámica del sueño con trajes te ayudará a tener perspectiva sobre aquello a lo que te enfrentas actualmente.

• **Sueños con direcciones.** La dirección en la que estás viajando indica si vas por buen camino. Si vas hacia arriba en un sueño (subiendo por una montaña, un camino, una escalera, un ascensor o lo que fuere), es que vas en la dirección correcta. Si vas hacia abajo, vas por mal camino. Si vas hacia arriba y hacia abajo, tu energía está dispersa y necesitas centrarte. Dar vueltas en círculos habla por sí mismo. Si vas hacia la derecha, estás siguiendo el camino de la intuición y la orientación. Hacia la izquierda es el intelecto y la razón.

Un hombre me preguntó si debería participar en una conferencia y yo tuve un sueño en el que él aparecía en una escalera mecánica tan empinada que tenía que dejar su maletín delante de él para poder agarrarse: dirección equivocada, que no apoya sus estudios y proyectos inmediatos. Otro ejemplo: una mujer estaba considerando la posibilidad de comprarse un determinado automóvil. Se le mostró el coche al pie de una montaña, y ella tenía que caminar por unas calles llenas de gente para llegar hasta él. La mujer no compró el coche y unos días mas tarde recibió una oferta mucho mejor.

• **Volar.** Los sueños en los que uno vuela son muy divertidos y normalmente indican que estás conscientemente fuera de tu cuerpo. Si puedes tener el control de un sueño en el que vuelas, tendrás la libertad de ir a donde tú quieras. Puedes imaginar que estás en diferentes lugares en el espacio-tiempo y encontrarte ahí al instante, o puedes trascender las dimensiones. Si estás volando y empiezas a perder altitud, o si crees que te vas a estrellar, esto simplemente sugiere que tienes miedo de explorar las dimensiones superiores y de salir de los límites. Vuelve a intentarlo en la noche siguiente.

• **Caer.** Si sueñas que caes, probablemente es porque estás teniendo un mal aterrizaje al regresar a tu cuerpo. Todos abandonamos nuestros cuerpos por las noches. Si tienes una sacudida cuando estás empezando a quedarte dormido, se trata de una mala salida. Si despiertas y no puedes moverte o hablar, ello significa que estás mitad fuera y mitad dentro del cuerpo. No podemos movernos hasta que estamos totalmente dentro. Imagina tu cuerpo de la cabeza a los pies. Esto te hará tomar contacto con la tierra.

Durante la noche, abandonamos el cuerpo, o trascendemos la conciencia física, para recibir enseñanzas y formación. La dimensión física o tercera dimensión es una ilusión; el estado del sueño es la realidad. Con la meditación y el trabajo con los sueños dejarás de tener miedo a la muerte, ya que experimentarás la cuarta dimensión y te sentirás tan cómodo ahí como en la tercera.

• **Sueños obscenos.** Nada en un sueño es obsceno cuando has comprendido su significado. No hay nada que pretenda insultarte u ofenderte, sino hacerte ver el nivel en el que estás o la limitación que has estado evitando. Soluciónalo y lo más probable es que encuentres mucho humor detrás de ello.

• **Sueños recurrentes.** Es como la reposición de una película: hay un mensaje que no estás recibiendo. Las pesadillas recurrentes indican que aún no te has enfrentado a un determinado miedo. Los sueños recurrentes con vallas o barricadas significan que hay una limitación que te has impuesto, que todavía no has reconocido y retirado. Es sumamente importante escribir estos sueños y comprenderlos. Cuando hayas captado el mensaje, cesarán.

• **Sueños con serpientes.** Las serpientes aparecen con frecuencia en los sueños y son símbolos de poder. Representan la energía kundalini, o la fuerza vital. Una mujer soñó que una serpiente entraba por la parte inferior de su cuerpo y ascendía por su tronco hasta llegar a la garganta. El animal se quedó atascado ahí y ella se comenzó a asfixiar. Despertó horrorizada. A primera vista, esto puede parecer un tanto desconcertante, pero en realidad se trataba de una explicación perfecta de lo que estaba ocurriendo en su vida. El poder del kundalini está alojado en la base de la columna vertebral, de manera que la serpiente penetra en su cuerpo y comienza a ascender. Cuando la energía despierta, va ascendiendo por los diferentes chakras. La energía de la mujer estaba fluyendo bien hasta que llegó al centro de la garganta, donde se detuvo, provocando su ahogamiento. Ella estaba bloqueando la energía en dicho centro, ya que no estaba expresando verbalmente sus necesidades y sus sentimientos. Estaba ahogando la comunicación por miedo y debido a una mala imagen de sí misma. Este sueño explicaba que el poder interior de esta mujer estaba vivo y en buen estado, y que si se liberaba de los bloqueos en el centro de la garganta, expresándose verbalmente y dejando de reprimirse, superaría las limitaciones en sus relaciones con los demás.

• **Sueños con dinero.** Cuando sueñas con monedas o billetes, ello representa que llegarán cambios a tu vida. Si las monedas son pequeñas, los cambios serán pequeños. Si hay montones de billetes, serán grandes cambios.

• **Sueños con inodoros.** Estos sueños hacen referencia a cómo nos estamos ocupando de nuestros desechos interiores. ¿Estamos soltando los pensamientos y experiencias innecesarios? ¿Estamos liberando el pasado para poder vivir plenamente en el presente? La dificultad para eliminar o el estreñimiento indican una represión. La diarrea sugiere una eliminación forzada, tanto si uno está preparado para ello como si no lo está, y una falta de control en el proceso. Un inodoro atascado significa que no estás soltando, eliminando la negatividad y los desperdicios.

Yo soñé con tres inodoros atascados que estaban al aire libre. Esto me comunicó que debía limpiarme mental, física y emocionalmente. Entonces tomé conciencia de las cosas que tenía que hacer y las prioridades que debía establecer, porque los inodoros estaban totalmente expuestos, a la vista de todos.

• *Sueños con sangre y tripas.* La sangre en un sueño significa pérdida de energía. Si sueñas que te apuñalan, fíjate en qué zona del cuerpo lo han hecho y a qué chakra corresponde, para ver de qué modo estás perdiendo energía. Si sueñas que te están asesinando o que tú estás asesinando a otra persona, quiere decir que estás matando una parte de tu ser. Podría tratarse de un aspecto que ya no necesitas, o de una parte que has descuidado y que todavía es valiosa para tu crecimiento personal.

• *Sueños con persecuciones.* Si te están persiguiendo, o si estás intentando huir de algo, significa que estás evitando ver un problema. Si no puedes lograr que tus piernas se muevan o si estás moviéndote a cámara lenta, pronto tendrás que enfrentarte a ese miedo que has estado evadiendo. Cuando te están persiguiendo, significa que estás sometiéndote a una angustia y un sufrimiento innecesarios. Recuerda que debes darte vuelta, enfrentarte a ese aspecto de ti que te está persiguiendo y hacer las paces con él. De ese modo, el drama cesará.

La interpretación de los sueños

Los sueños pueden tener prácticamente cualquier forma y utilizar cualquier símbolo o argumento imaginables. Reconocer el nivel de sentimiento en un sueño, así como los símbolos particulares, es importante para poder comprender su significado.

En primer lugar, escribe el sueño de la manera más extensa posible. En segundo lugar, anota todos los símbolos que puedas identificar y, a un lado, su posible significado. Búscalos; si es necesario, utiliza un diccionario. En tercer lugar, escribe tu interpretación.

Lo siguiente es un ejemplo de un sueño y su interpretación:

- **Primer paso: *el sueño***

  Una mujer estaba en un autobús con un líder espiritual y con miembros de un grupo espiritual. Un hombre entró en el autobús. Vestía un abrigo oscuro y un sombrero. Comenzó a robar a todo el mundo. La mujer tenía 600 euros en su cartera. Ella estaba acostada en un saco de dormir. Quería ocultar su cartera, pero su mano izquierda se le había dormido y no se podía mover.

- **Segundo paso: *registrar los símbolos del sueño***

  Mujer: la parte femenina, creativa, del yo.
  Autobús: gran vehículo para el crecimiento.
  Líder espiritual: el propio yo superior de la mujer, su maestro espiritual.
  Grupo espiritual: partes del ser conscientes del crecimiento.
  Hombre: parte masculina, enérgica y fuerte del yo.
  Oscuro: lo desconocido.
  Abrigo: cubrir, ocultar.
  Sombrero: el papel que ella interpreta.
  Robar: robar energía.
  600 euros: el 6 es tu guía, los maestros superiores, la Hermandad Blanca (maestros de luz); presta atención.
  Cartera: identidad.
  Saco de dormir: en un capullo, oculta en el vientre materno.
  Mano izquierda: mano que recibe.
  Dormido: entumecido, pasivo, no se permite recibir.

- **Tercer paso:** *la interpretación*

  La parte femenina de la mujer tiene una gran capacidad para el crecimiento. Muchas partes de sí misma son conscientes del crecimiento y ella está con su yo superior, o siendo guiada por él. Ella ha ocultado o reprimido la parte fuerte y enérgica de sí misma. Es desconocida para ella. Esta mujer permite que la gente le quite energía y nunca dice «no». Entrega su poder. El 6 es su guía, que le dice: «Mira lo que estás haciendo. ¡Sé enérgica!».

  La mujer tiene miedo de perder su identidad si es enérgica, y es incapaz de hacer algo al respecto, pues está encerrada en su capullo. No es capaz de recibir y dejar que otras personas le devuelvan lo que ella da. Toda su energía va hacia fuera y no regresa. El mensaje principal del sueño es su incapacidad de recibir.

Niveles de interpretación

Un sueño se puede ver a muchos niveles. Hay un significado literal que normalmente no es la interpretación correcta. Pero esto depende de lo que uno pide.

Por ejemplo: una mujer pidió entender lo que estaba ocurriendo en su matrimonio. Ella había intentado muchas cosas para mejorar la situación, sugiriendo una terapia, mayor comunicación, etcétera. En su sueño aparecían ella y su marido en un desierto, caminando en dirección a un comerciante que vendía unos falsos anillos de boda hechos de hojalata. Cuando ella miró a su marido, su rostro estaba en una bruma, distante. Salieron del desierto y se detuvieron en una casita a tomar un refresco, donde la mujer fue recibida por un extraño que le dio un abrazo cálido y amoroso, haciendo que ella se percatara inmediatamente de que eso era algo que faltaba en su relación con su marido.

Este sueño se podría interpretar como que las partes masculina y femenina de esta mujer no estaban en equilibrio, pero ella había preguntado específicamente sobre su relación con su marido. En este caso, la mujer estaba trabajando en su equilibrio interior. Aunque no era lo que ella quería oír, se dio cuenta de que su relación no se basaba en el amor mutuo. No era realmente un matrimonio, y la falta de crecimiento (el desierto) simbolizaba ese estado actual. La serie de sueños que vinieron a continuación le indicó lo mismo. Entonces ella supo que se tenía que marchar.

Ésta fue una solución positiva a un problema. Aunque es posible que algunas de las respuestas que recibamos no sean lo que queremos oír, siempre están ahí para nuestro mayor bien. En cuanto la mujer dejó la relación, se preguntó por qué había tardado tanto tiempo en ver la situación y seguir adelante con su vida.

Trabajar con las imágenes de los sueños

Todas las imágenes oníricas tienen un mensaje simbólico. Las que son más sobrecogedoras son las imágenes del miedo. Tenemos muchos temores que hemos reprimido desde la niñez, y éstos tienen la libertad de salir a la superficie en los sueños y en los estados meditativos. Es importante que recuerdes que tú no eres tus miedos. Los miedos son, simplemente, formas de pensamiento negativas que no tienen ninguna realidad por sí solas. Cuando les quitamos poder, dejan de tener influencia en nuestras vidas.

Aunque nuestro propósito en la vida es conocer el yo, pasamos mucho tiempo huyendo de él. Tenemos miedo de muchas cosas, especialmente de aquellas que son desconocidas para nosotros. Tememos aquello que no comprendemos. Cada miedo representa un bloqueo para nuestra verdadera belleza, el ser espiritual interior. Deberíamos dar la bienvenida a esas imágenes atemorizantes, pues ellas nos revelarán el pensamiento limitado y las creencias que impiden nuestro desarrollo.

Cualquier imagen que identifiques pero no comprendas puede conocerse y se puede trabajar con ella en una visualización autoguiada, o a través de la meditación. Esta técnica es particularmente útil cuando uno está trabajando con imágenes atemorizantes. Si sueñas con un monstruo aterrador, o una persona atemorizante, se trata de un miedo desproporcionado. Al despertar, vuelve a traer esa imagen a tu mente. Imagina que ese «ser» se quita su disfraz de monstruo, dejando caer al suelo su atemorizante traje. En su lugar, aparece una pequeña parte de ti, quizás una persona diminuta, que te ofrece un regalo. Pregúntale a ese pequeño ser qué te quiere enseñar e imagina que te transmite el mensaje afectuosamente.

Puedes establecer un diálogo con cualquier imagen de tus sueños y permitir que te hable. Simplemente haz un número de Disneylandia con ella. Si se trata de un árbol, imagina que tiene rostro, brazos y piernas, y hazle preguntas. Si es una gran valla o un muro, ponle también un rostro y deja que te hable. Imagina qué te diría. Para utilizar esta técnica eficazmente, prueba a seguir los siguientes pasos:

1. Escribe una descripción de la imagen del sueño que no comprendes.

2. Relájate, entra en un estado meditativo y luego imagina la imagen en tu mente. Si es inanimada, ponle un rostro y deja que te hable. Si es grande y te inspira temor, imagina que se baja la cremallera de su atemorizante disfraz de Halloween y que lo que sale de ahí es bastante inofensivo y corriente. Luego, inicia una conversación. Recuerda que las tácticas del miedo sólo existen para llamar tu atención.

3. Ahora pregúntale: «¿Qué revelación me has traído?», o: «¿Qué parte de mí representas?». Deja que la imagen te hable; si las palabras no surgen inmediatamente, invéntate lo que crees que dirá. Puede ser que realmente oigas las palabras o que simplemente recibas una fuerte sensación de lo que su forma representa en realidad.

4. Después de la conversación, da las gracias a la imagen por haber aparecido ante ti. Si todavía no ves las cosas claras, pídele que se presente en una forma distinta en tu próximo sueño, para que puedas comprender.

Cuando empiezas a obtener el control del estado del sueño, es decir, cuando sabes que estás soñando, entonces puedes detenerte y encontrarte con las imágenes mientras todavía estás en el sueño. Si algo te está persiguiendo, puedes darte la vuelta y decirle: «Eh, espera un momento. Aclaremos las cosas. ¿Por qué estoy permitiéndote que me persigas, y qué parte de mí representas?». Cuando puedes enfrentarte a una imagen en un sueño, inmediatamente comprendes lo que es. Y en cuanto te enfrentas al miedo, ya lo has conquistado. Mantén el sentido del humor y recuperarás inmediatamente la perspectiva.

Además, cuando en cualquier momento te das cuenta de que estás soñando, puedes detener el sueño y decir: «Muy bien. Ahora estoy preparado para aprender». Puedes hacer cualquier pregunta y recibirás la respuesta. Esto es lo que estamos intentando conseguir: obtener un control absoluto del estado del sueño para que se convierta en un vehículo para el aprendizaje superior y la integración del ser.

3

Los sueños y la conciencia

Enlace hacia la iluminación

A lo largo de nuestra existencia nos esforzamos por integrar los niveles de conciencia en nuestro interior, pues de ese modo no conoceremos límites en la conciencia. Los sueños nos ayudan a empezar a tender puentes entre esos niveles: entre las mentes consciente, subconsciente y superconsciente.

La mente consciente percibe la realidad del espacio-tiempo a través de los cinco sentidos y es el nivel racional o intelectual. El subconsciente es como un banco de almacenamiento que contiene todas las experiencias de la vida, dentro y fuera del cuerpo. El superconsciente va mucho más allá. Es como el Yo-Dios, o la conciencia superior, que es totalmente independiente y observa lo que está ocurriendo, que comprende absolutamente el propósito de la vida y la misión del alma. Desde este nivel podemos sintonizar con todo nuestro plan de vida.

Los sueños son tu enlace directo con Dios, el yo superior o los guías. Aunque todos los conocimientos están a nuestro alcance, no podemos tener una iluminación instantánea. Debemos ser capaces de permanecer conectados a la tierra y utilizar la información cuando se nos ofrece, incorporándola a nuestras vidas antes de dar el siguiente paso.

Mi guía me ha explicado: «No existe la iluminación instantánea. Debes estar muy segura de que estás conectada a la tierra, ya que te estás abriendo a niveles de conciencia más elevados. Al obtener revelaciones a través de los sueños y aplicarlas en tu vida diaria, empiezas a integrar la comprensión. Te das cuenta de que eres absolutamente responsable de tu propia vida y que no tienes ningún derecho de imponer tu voluntad a otra persona. A medida que tu comprensión se expande, te ganas el derecho a pasar al siguiente nivel. Si todo se te diera al instante, no sabrías cómo utilizar ese poder y ese conocimiento».

Los sueños y el conocimiento de uno mismo

Los sueños te ayudan a verte tal como eres: tu verdadera belleza interior, tu potencial, dónde no estás comprendiendo las lecciones en las que estás trabajando y dónde sí lo estás haciendo. Nada es más importante que conocerte a ti mismo. Ello hace que todas las cosas en todos los planos, en todas las realidades, te resulten fáciles.

Mi canal me explicó: «No tienes que sufrir para crecer. Eso no es lo que Dios pretende, ni es Su concepto en absoluto. Aprender a conocerte a ti misma debería ser algo delicioso. Todos vais a cometer errores y, a veces, al principio os parecerán extraños e incómodos. Pero si podéis avanzar como niños, con el anhelo y la curiosidad de aprender, empezaréis a entender que vivir es realmente una aventura maravillosa.

»Nada es inalterable. Cuando sueñas con un determinado problema o situación en tu vida, recuerda que se te ha dado para que puedas resolverlo creativamente y dejarlo atrás.

»El programa más difícil de romper es el de ver el cambio como algo atemorizante, difícil, doloroso o muy trabajoso. Si quieres que la vida sea difícil para ti, eso lo decides tú. Dios es paciente. Hay toda una eternidad para aprender que vivir es algo alegre y que no requiere esfuerzo. Puedes crear tu vida a diario. Puedes elegir cambiarla en cualquier momento. Cuando te canses de huir de tus lecciones, puedes progresar alegremente con mucha rapidez.

»La clave está en tener ojos para ver y oídos para oír. Algunas personas los tienen cuando se encarnan, otras tardan más en desarrollarlos. Ésta es la habilidad de encontrar las verdades que hay en todas las enseñanzas, las experiencias y las personas que te rodean. Se te están presentando lecciones continuamente, ya sea a través de tu vida o a través de la vida de otras personas. Puedes aprender muchísimo observando a los demás interactuar unos con otros. Mira y observa, pero no juzgues. Ésta es la clave, contigo misma y con los demás».

Obtener el control

Cuando empiezas a tener el control de tus sueños, sueles ser consciente de cuándo estás soñando. Como dije anteriormente, si te estás enfrentando a miedos o imágenes extrañas, puedes preguntarles qué representan y recibirás la respuesta de inmediato.

Al obtener el control del estado del sueño, puedes elevar tu conciencia a niveles cada vez más altos. Cuanto más elevada es tu energía, mayor es tu conciencia, y más fácil es tu vida. Estás más en armonía con la creación de lo que quieres y empiezas a cosechar los beneficios de tu verdadero derecho de nacimiento, que son la alegría, la abundancia, la comprensión, la sabiduría y el amor.

Úsalo: no lo pierdas

El mayor problema de vivir y aprender es que la gente no utiliza continuamente las herramientas que se le han entregado. Si te tomas la molestia de programar un sueño y obtienes revelaciones sobre un problema pero no las implementas, ¿de qué sirve tanto esfuerzo? La vida es muy sencilla, pero debemos pedir, recibir, reconocer e implementar. Lo difícil es continuar. Tener la valentía de confiar en el yo interior, actuar según nuestras convicciones internas, abrirnos a la libertad y a la plena expresión de nosotros mismos. Recuerda que eres el arquitecto y el constructor de tu vida. Puedes tener grandes planes, pero el trabajo diario de construcción e implementación es lo que hace que se consigan las cosas.

La mente consciente o el estado de vigilia es en realidad el tiempo del que disponemos para hacer los deberes. Es el tiempo que tenemos para practicar las lecciones, para poner en marcha lo que hemos comprendido. No es un período para hacer el vago. Es posible que muchas de las personas que han estado meditando u observando sus sueños durante años sin que se produzca ningún cambio perceptible en sus vidas descubran que la razón es muy simple: si pasas veinte minutos meditando, o diez minutos escribiendo un sueño, y luego no vigilas tus pensamientos negativos y los hábitos autodestructivos de vida en las veintitrés y pico horas restantes, conseguirás muy poco.

Los sueños y la meditación nos aportan lecciones y principios. La realidad de vigilia nos proporciona la oportunidad creativa de practicar utilizándolos. Para crecer y cambiar debemos *integrar* la comprensión en nuestras vidas. Necesitamos practicar, practicar y practicar.

La ironía de esto es que creamos todas las situaciones en nuestras vidas para que nos enseñen cosas. Nos preparamos para recibir lecciones y cuando llegan nos sentimos heridos. La autocompasión significa que necesitas ser consciente de tus ilusiones. Ese dolor y ese miedo que sientes forman parte de la lección que tú mismo has creado. Cuando dejes de resistirte al sentimiento y te des cuenta de que las personas implicadas en las situaciones no son más que actores en un escenario, entonces podrás recibir revelaciones respecto a lo que está ocurriendo.

Hacerte la vida más fácil

Si te conoces a ti mismo, entonces tu vida funciona. No tienes problemas en las relaciones personales. No te colocas en una posición en la que te puedan rechazar o dejar plantado, mentir o estafar. No te preparas para aburrirte o frustrarte, pues estás en sintonía con tu camino creativo en la vida y lo sigues.

Recuerda que nadie te va a tomar de la mano y a llevar paso a paso por el camino. Si quieres comprender, pídelo y recibirás. Pero debes hacer tus propias elecciones y tomar tus decisiones. Es tu vida. Tú eres el escritor, el productor y el director, y vas a interpretar todos los papeles. Crea cualquier cosa que desees. Tienes total libertad. Lo único que te limita son tus pensamientos.

Tus símbolos oníricos te ayudan a observar las pautas de pensamiento que están gobernando tu vida. Los sueños te llevan a un nivel de conciencia y comprensión más elevado que tiene el poder de transformar tu vida y tu mundo.

El propósito de todo esto es ver objetivamente las situaciones que estás creando en tu vida, examinar las limitaciones y los obstáculos impuestos por tus propias creencias y comprender cuál es la mejor manera de trabajar con ellos o de eliminarlos. Cuando trabajes en tu propio crecimiento, los demás se beneficiarán de ello; verán tu luz, tu conocimiento y tu verdad.

Segunda parte

Diccionario de símbolos oníricos

ABANDONADO/A. Abandonar o dejar atrás características o actitudes que ya no son necesarias para el crecimiento personal, o sentimiento de pérdida o perplejidad como consecuencia de haber entregado tu poder a otras personas. Abandono de los propios recursos internos y de la fortaleza a causa de la desatención. Necesidad de trabajar para aprender a quererte y aceptarte a ti mismo y de asumir la responsabilidad de tu dirección en la vida.

ABANICO. Si el rostro está tapado u ocultado por un abanico, significa que estás ocultándote, que necesitas estar más seguro de ti mismo.

ABDOMEN. A menudo representa el plexo solar o tercer chakra. Una sensación de bienestar y salud indica unas emociones equilibradas y que el poder o la fuerza vital se están centrando; una sensación de dolor o angustia significa que hay demasiadas preocupaciones y tensión. También puede sugerir en qué medida eres capaz de digerir las experiencias de la vida, tomando lo que es valioso, las lecciones positivas para el crecimiento, y descartando el resto.

ABEJA. Fuerza maravillosa, integradora; relación con la naturaleza; aporta dulzura a la vida. También, pensamientos y comentarios punzantes; chismorrería. Actividad confusa. Permitir que las cosas te molesten.

ABIERTO/A. Se muestra el camino, las cosas se están aclarando. Una salida.

ABISMO. Enfrentarte a tu propio vacío. Has eliminado lo negativo, pero ahora debes reemplazarlo con una dirección positiva. También, entrar en el inconsciente para aprovechar su poder. Enfrentarte a un miedo del que has huido en el pasado; no hay mejor momento que el presente.

ABOGADO. Consejero sobre leyes universales; orientación. Reconoce y comprende las diferencias entre las leyes universales y las humanas.

ABORIGEN. La naturaleza instintiva primitiva o básica, el lado inconsciente o intuitivo de ti mismo. Una parte de ti que te resulta extraña, que ni conoces ni comprendes, de la que estás empezando a tomar conciencia.

ABORTO. Bloquear un nuevo nacimiento o dirección en la vida dentro de uno mismo. Puede tratarse de ideas, proyectos, oportunidades o relaciones positivos o negativos; de modo que examina cuidadosamente lo que estás dejando fuera de tu experiencia.

ABRAZADERA. No perder la calma en medio del estrés y la tensión; protección.

ABRAZO. Consuelo. Amarte a ti mismo y cuidar de ti. Sanación.

ABRAZO AMOROSO. Expresión de amor, cariño, calidez y afecto. Necesidad de amor y ternura.

ABRIGO. Calidez o protección; también, ocultar o esconder las emociones; no permitir que la gente vea quién eres en realidad.

ABSCESO. Véase *forúnculo*.

ABSORBER. Fusionar o mezclar elementos separados; fuerza o aspecto de ti que es más fuerte y toma el control de un aspecto menos desarrollado. Renunciar al libre albedrío, ser absorbido por un culto, un grupo o por algo que no es tu propio camino en la vida.

ABUELO/A. Partes de ti que son más sabias, más maduras, masculinas o femeninas.

ACAMPAR. En la naturaleza es restablecer el contacto con la Tierra, desarrollar la sensación de estar anclado en la tierra; estar en comunión con uno mismo y con la vida de una forma básica, sin confusión. Armonizar con la naturaleza, recurrir a una fuente de energía más profunda, más potente. Si se trata de un campamento militar, véanse *militar* y *guerra*.

ACCIDENTE. No prestar la suficiente atención a todas las partes del ser, no integrar las experiencias; preocupación. Ir demasiado rápido; necesidad de reducir la velocidad, de concentrar la energía.

ACCIONES, BONOS. Inversiones en el propio crecimiento. La seguridad está en nuestro interior.

ACEITE. Lubricante, influencia sana. Energía. Ser ungido con aceite indica recibir un gran beneficio. Verter aceite en aguas turbulentas es calmar la desarmonía y el desacuerdo. También indica una persona escurridiza.

ACERA. Sendero. Cuanto más liso es el camino, mejor es el viaje que estás haciendo para ti mismo. Es un viaje más fácil que el que se realiza por un camino de tierra, pero no es tan rápido como ir por carretera. Véase *sendero*.

ACERO. Fuerza, determinación. Inflexibilidad, frialdad emocional.

ÁCIDO. Pensamientos que tienen el poder de corromper o corroer. Una prueba de fuego[1] determina la calidad o el valor real de las lecciones aprendidas; evaluación.

ACOMODADOR. Un guía está presentando lecciones que necesitas para poder crecer.

---

1. La expresión *prueba de fuego* en inglés es *acid test*, cuya traducción literal sería *prueba de ácido*. De ahí que esta expresión aparezca bajo el término *ácido*. (*N. de la T.*)

ACTOR. El papel que interpretas, cómo te ven los demás; un papel que estás interpretando en ese momento, que sirve a algún propósito en particular. Todos somos actores; los papeles y las experiencias de vida son una ilusión. Nuestra presentación del yo cambia a medida que vamos creciendo; nuestros papeles cambian con la expansión de la conciencia y el conocimiento de uno mismo.

ACUARIO. Calma emocional que es necesaria ahora en tu vida. Mostrar tus emociones de una forma relajada y serena. Véanse *pescado, agua.*

ACUERDO. Armonía interior o con otra persona; compromiso. Promesa o pacto que determina la dirección que uno tomará; puede ser positivo o negativo, de modo que debes entender la naturaleza del acuerdo y explorar los posibles resultados.

ADICTO. Renunciar al poder personal, entregar la conciencia de uno mismo a algo o alguien. Estar impulsado por el miedo y la inseguridad en lugar de la propia responsabilidad; negar a tu propio Yo-Dios o maestro interior.

ADOLESCENTE. La época de la pubertad; cambios en la conciencia física y sexual debido a un aumento del poder del kundalini. El crecimiento emocional va más lento. Convulsión general debido a los cambios rápidos y al aumento de energía en el cuerpo; las emociones y los juicios son dejados de lado. Soñar que eres un adolescente cuando ya has pasado esas edades podría significar que te estás comportando como un adolescente, siendo poco juicioso, con altibajos emocionales. También podría significar que necesitas despertar e integrar la conciencia sexual. (El poder del kundalini vuelve a ascender con gran fuerza en el momento de la menopausia masculina y femenina.)

ADOPCIÓN. Incorporar un aspecto completamente nuevo del ser. Ahora puedes tener un nuevo comienzo. Te lo has ganado.

ADULTERIO. Poner energía y atención en algo que te está apartando del crecimiento interior; buscar pacificadores externos en lugar de resolver los problemas internos. La cualidad que te atrae en la otra persona está bloqueada en ti, o está ausente en tu relación de pareja. También podría representar una fusión y una integración de las partes masculina o femenina en ti, dependiendo del sexo de tu amante en el sueño, véase *relaciones sexuales*.

ADULTO. El yo maduro que ve la vida desde la experiencia y con una mayor sensibilidad hacia sí mismo y los demás.

ADVERTIR. Cuidado; fíjate en qué te estás metiendo. El sueño podría explicar cuál es la situación de la que tienes que ser consciente.

AEROPUERTO. Punto de partida para el despertar espiritual. Véase *avión*.

AFEITARSE. Acicalarse, mejorar la imagen de uno mismo. Si se trata de una cabeza afeitada (rapada), podría representar el reconocimiento de un poder espiritual superior. También, «escapar por un pelo». Véase *pelo*.

AGUA. Energía emocional. Si está limpia, turbia, quieta o agitada, muestra el estado emocional.

ÁGUILA. Gran poder; el yo espiritual se está elevando. Una gran libertad que debe usarse sabiamente; aceptar la responsabilidad y hacerte cargo de tus propias necesidades.

ÁGUILA RATONERA. Símbolo constructivo que significa limpiar y eliminar todas las viejas actitudes e ideas decadentes. Debes estar dispuesto a liberar y soltar esas ideas y relaciones que ya no son beneficiosas para tu crecimiento. Todo forma parte del proceso natural de las cosas.

AGUJA. Crear, unir cosas, como cuando uno cose. Algo difícil de encontrar, como una aguja en un pajar. Véase también *inyección*.

AGUJERO. Un agujero oscuro es una parte desconocida de ti mismo a la que te estás enfrentando ahora. Un agujero en alguna cosa significa que es necesaria una reparación, o que faltan procesos de pensamiento, como cuando hay un «hueco» en tu argumento. Escollo que tú mismo has creado. Si estás de pie dentro de un agujero, véase *tumba*.

AHOGARSE. Advertencia: te estás derrumbando emocionalmente, estás sobrecargado. Ten claridad y perspectiva, anímate; si es necesario, busca ayuda. Debes cambiar tu estado emocional. Ya es hora de que te relajes, juegues y no te tomes las cosas tan en serio.

AHORROS. Véanse *banco, dinero.*

AIRE ACONDICIONADO. Ya es tiempo de que haya un período en tu vida en el que te relajes.

AISLAMIENTO. Protección, calidez, preservación de la energía, como en el caso del aislamiento de una casa. También indica que uno se está ocultando.

AJEDREZ. El juego de la vida. La complejidad de la competencia; derrota y victoria. Siempre hay un camino más fácil.

ALADINO. La parte mística del ser que transmuta energía, crea milagros; el inconsciente creativo que está a tu servicio cuando aprendes a utilizarlo.

ALAMBRE. Apoyo; fuerza flexible, fiable. Capacidad de reparar, de arreglar una situación. Humorísticamente, podría significar que estás tenso o bajo demasiado estrés. Véase *cable.*

ALAMBRE DE CIRCO. Cautela, conciencia. Permanece centrado y equilibrado; de lo contrario, tendrás una caída. La gente camina sobre alambres emocionales por miedo, presión o por proyectos imposibles. Con la misma facilidad, podrías estar avanzando por una autopista.

ALARMA. Aviso o advertencia; estás desviándote de tu camino, aproximándote a una situación o relación cuestionables. Sé consciente y asume la responsabilidad de lo que debe cambiar.

ALAS. Libertad. Elevarse a nuevas alturas. No hay limitaciones. No hay nada que no puedas alcanzar si despiertas la conciencia espiritual.

ÁLBUM. Ojear un álbum de fotos significa que estás encontrándote otra vez con las mismas lecciones, pero en un escenario distinto. También, estás recordando cosas que comprendiste en el pasado para usarlas en el presente. Fuente de placer; registro de las experiencias de la vida.

ALCALDE. Guía o maestro superior.

ALCANTARILLADO. Viejas ideas y actitudes que deben ser eliminadas. Sistemas de creencias que ya no son útiles y que deben soltarse. Véanse también *heces, inodoro, orinar.*

ALCE. Parte poderosa de uno mismo.

ALCOHOL. Cualquier sustancia alcohólica tiene un efecto insensibilizador, adormece la mente y los sentimientos. Podría sugerir hipersensibilidad; necesidad de relajarte, de meditar y de elevar el campo de energía para mantener el equilibrio interno. Necesidad de abrirte y expresarte verbalmente sin sentirte intimidado. Además es un símbolo de transformación, ya que Jesús convirtió el agua en vino. En este sentido, es la transformación de la conciencia para recibir una conciencia espiritual superior.

ALERGIA. Extrema sensibilidad debido a la constitución física o a una represión emocional.

ALFABETO. Símbolos básicos para comunicar ideas y sentimientos; interpretaciones culturales de la realidad. Unir conceptos y sentimientos, pero con una comprensión todavía primitiva. Las letras individuales pueden ser interpretadas mediante su significado numerológico. Por ejemplo, A, J y S, cada una de ellas = 1.

Véase la tabla siguiente y también *números.*

1	2	3	4	5	6	7	8	9
A	B	C	D	E	F	G	H	I
J	K	L	M	N	O	P	Q	R
S	T	U	V	W	X	Y	Z	

ALFILETERO. Alguien te está haciendo sufrir. Estás recibiendo comentarios malintencionados, pensamientos y actitudes nocivos; estás dejando que te utilicen. O quizás estés deseándole el mal a otra persona mediante palabras cortantes y pensamientos negativos: sólo conseguirás hacerte daño. Necesidad de reparación. Véase *coser.*

ALFOMBRA. Estar en contacto con la tierra; aislamiento, protección. Un lujo del que podrías disfrutar. También quiere decir que no tires de la alfombra que está bajo tus pies: mantente centrado y positivo.

ALGA. Enredos emocionales que hacen que uno avance más lentamente en la vida.

ALGODÓN. Partes que se unen en armonía.

ALHAJAS. Diferentes dones y habilidades; adornos, belleza. Expresión individual, identidad. Una piedra en particular puede sugerir que necesitas esa energía específica o ese color para tener salud y bienestar. Vánse joyas específicas.

ALMACÉN. Banco de almacenamiento de ideas y talentos dentro de uno mismo, que rara vez se utilizan. Enorme potencial; todo lo que quieres o necesitas está ahí.

ALMEJA. No te estás comunicando bien; te lo estás guardando todo dentro. Habla y exprésate más.

ALMÍBAR. Emociones sentimentales, excesivas o exageradas. Estás exagerando demasiado, hasta el punto de la insinceridad.

ALMOHADA. Puente entre el consciente y el inconsciente. Necesidad de descansar, relajar el intelecto y aprovechar recursos más profundos dentro de ti. Baja el ritmo para poder ver con claridad, para comprender las cosas. Ternura, suavidad. Véase *cama.*

ALQUILER. Pago, deuda, karma. Acuerdo de intercambio.

ALQUIMISTA. Liberador de falsos conceptos mediante la transformación de la conciencia; el yo superior. Véase *gurú.*

ALQUITRÁN. Lo desconocido. Ideas del inconsciente que se expresan en la realidad física. Si te ves embadurnado de alquitrán y emplumado, ello indica una gran hostilidad, agresividad, condena de uno mismo.

ALTAR. Lugar de adoración que honra a la fuente de la vida; compromiso dentro de uno mismo. Sacrificar lo viejo y abrirse a lo nuevo. Conciencia de la naturaleza espiritual o el Dios interior.

ALTURA. Nueva oportunidad y desafíos. Véase *precipicio*.

ALUCINACIÓN. Fantasía; no ver las cosas como son en realidad por miedo a tener que cambiar.

AMAMANTAR. Dar apoyo emocional: a ti mismo o a otras personas. Protege tu propia energía y asegúrate de dar a los demás únicamente aquello que te puedes permitir dar. Véase *criar*.

AMANECER. Comienzo, nuevo despertar, revelación y comprensión. Estar a la altura de las labores que se te presentan.

AMANTE. Integración de las cualidades femeninas o masculinas dentro del yo. Deseo de amor, calidez, cuidados, aceptación de uno mismo y aprecio.

AMARILLO. Paz, armonía. Si te pones amarillo, ello podría indicar miedo; te falta el coraje de las convicciones.

AMBULANCIA. Emergencia. Detente, presta atención a la situación que está teniendo lugar.

AMIGO/A. Una cualidad que ves en un amigo o una amiga es una cualidad tuya que estás proyectando; quizás una que no reconoces fácilmente.

AMOR. Dios es amor. Es el mayor poder que hay en el universo. Cuanto más amas, más profundidades abres dentro de ti.

AMPOLLA. Erupción de emociones, pensamientos venenosos y sentimientos. Si todavía tiene forma de ampolla, necesitas liberar la desarmonía para poder sanar. Véase *forúnculo*.

AMPUTACIÓN. Renunciar a tu poder, a tus habilidades, representado por un miembro o una parte que es retirado. Cortar partes innecesarias de uno mismo, que deberían ser integradas, no rechazadas. La pérdida del brazo derecho, por ejemplo, significa que ya no estás dando, ni a ti mismo ni a los demás, y la pérdida del izquierdo significa que ya no estás recibiendo la energía necesaria para renovar y reconstruir. Véanse partes del cuerpo individuales y *cuerpo*.

AMULETO. Esfuerzo por entrar en contacto con el poder espiritual. Buscar respuestas fuera, en lugar de dentro. Las historias de las viejas comadres, sistemas de creencias, que pueden tener o no tener alguna validez. Protección divina que viene del interior. La pata de conejo no ayudó al conejo muerto.

ANALISTA. Necesidad de autoexploración, de mirar en tu interior y hacer nuevos descubrimientos. Sé amable pero honrado contigo mismo; elimina los conceptos negativos, limitadores, y ábrete a niveles más elevados de percepción de ti mismo.

ANCLA. La línea de tu vida, el punto de control; libertad para elegir la respuesta emocional y la experiencia, la capacidad de anclarte o de avanzar. Si has echado anclas, tienes el control de las emociones y estás deteniéndote para asimilar o decidir la dirección de tu vida antes de seguir adelante. Si no tienes ancla, vas a la deriva de costa a costa, sin un propósito y sin la libertad de elegir. Pero las anclas son temporales y no deberían usarse para impedirte aventurarte en nuevas experiencias y lecciones.

ANESTESIA. Dormido en tu centro de control; adormecimiento de sentimientos, emociones; la incapacidad de ver y oír con claridad. Evitas contemplar tu vida y asumir la responsabilidad de ti mismo. La anestesia perderá su efecto, pero puedes acelerar el proceso a través de la meditación.

ÁNGEL. Mensajero de Dios; ideal más elevado del yo espiritual. Mensaje importante de un sueño: ¡escucha!

ANILLO. Promesa, perspectiva eterna. Véase *círculo*.

ANIMAL. La parte instintiva de uno mismo armonizada con la naturaleza y la supervivencia, asociada al segundo y tercer chakra. También, las características que un animal específico representa para ti, como velocidad, astucia, poder o sabiduría. Véanse animales individuales.

ANIMAL DOMÉSTICO. Responsabilidad que uno ha elegido. Algo que cuida de nosotros. Véase animal específico.

ANJ. Poder espiritual, emblema de la vida del antiguo Egipto. Recurrir a ciertas fuentes de conocimiento.

ANO. Manera de expulsar o deshacerte de pensamientos y experiencias que ya no son necesarios. Necesidad de una limpieza interior. También, un punto de tensión oculta que es difícil de sentir; exige la liberación de tensiones y preocupaciones.

ANOCHECER. Final de una relación, situación o experiencia.

ANOREXIA. Privar al yo de alimento espiritual, emocional o físico. Falta de amor a ti mismo y de aceptación. Luchar por alcanzar un yo-ego idealizado, que está vacío y carece de significado. Autocastigo.

ANTENA. La capacidad de transmitir y recibir energía. Tu nivel de energía determina qué pensamientos eres capaz de enviar y recibir; siempre estás comunicándote en algún nivel con el mundo que te rodea. Examina qué aspecto tienen la antena (larga, corta, doblada, rota) para tener una idea de tu capacidad actual para sintonizar. La meditación crea una antena fuerte para un mayor control y una mejor sintonía; puedes aprender a sintonizar o dejar de sintonizar y recibir información de estados de conciencia expandidos.

ANTICONCEPTIVO. Medida preventiva, utilizada para proteger la salud o para impedir que emerjan nuevas direcciones en el yo. Barrera; eliminar el poder creativo. Depende del contexto del sueño y el nivel de sentimiento si ésta es una influencia positiva o negativa.

ANTÍDOTO. Corrige una injusticia o un desequilibrio; alivia y sana.

ANTIGÜEDAD. Suele representar una vieja pauta, sistema de creencias o programa, que ha cumplido su propósito en tu aprendizaje y tu crecimiento y que ahora debería ser liberada. Miedo al cambio. Una raíz de tu pasado.

ANTIGUO. Verdades que soportan la prueba del tiempo; la parte intemporal de uno mismo que evoluciona a través de muchas vidas y lecciones. Algo antiguo podría indicar sabiduría, adquisición de poder, o partes de ti mismo que ya no necesitas.

ANTISÉPTICO. Limpia y sana; protege de pensamientos negativos no deseados.

ANTORCHA. Véase *llama*.

ANUNCIO. Presta atención. El yo superior o guía te está enviando un mensaje.

AÑO. Unidad de tiempo; realización de un ciclo de crecimiento y aprendizaje. Véanse *números* (12) y *tiempo*.

APARATO PARA LOS DIENTES. Necesidad de expresarte verbalmente con amor. Corregir tu forma de hablar.

APLAUSO. Palmadita en la cabeza por parte de tu guía; autorreconocimiento por un trabajo bien hecho, ya sea grande o pequeño. Intensificar la autoestima, o la necesidad de hacerlo.

APÓSTOL. Yo superior o maestro; seguidor de la luz y la verdad. Fuente de orientación y revelaciones, aprendizaje rápido y resolución de problemas. Presta atención.

APUÑALAR. Véase *cuchillo*.

ARADO. Si estás arando la tierra, estás preparándote para un nuevo crecimiento. Necesidad de prepararte, de estar listo para nuevas experiencias.

ARAÑA (insecto). Tú creas tu propia telaraña o espacio vital; puedes ir a cualquier parte y tejer la vida que tú elijas. Las ocho patas de la araña representan la energía cósmica para crear nuestros propios mundos. Con demasiada frecuencia nos quedamos atrapados en nuestras propias telarañas, olvidando que no son más que ilusiones que nosotros mismos hemos creado. Buscamos controlar, manipular a otros, atrayéndolos a nuestras propias realidades limitadas. Trampa, ilusión; cuidado.

ARAÑA (lámpara). Reflejo muy elegante y hermoso de tu luz interior.

ÁRBOL. Símbolo de crecimiento individual; desarrollo a lo largo de la vida. Las raíces son la base: si son fuertes y profundas, indican conexión con la fuerza espiritual; si son superficiales indican poco apoyo, no ser conscientes del poder interior. El tronco representa la espina dorsal, fuente de poder kundalini, fortaleza. Las ramas son talentos y habilidades, oportunidades de expresión de uno mismo. Las hojas son las numerosas manifestaciones de tus dones, los resultados de florecer o producir en el mundo. El árbol sólo es responsable de su propio crecimiento. La poda produce más luz y un crecimiento más saludable. Un árbol escuálido indica que uno no está reconociendo su potencial, su valía personal. Un viejo árbol nudoso significa que las tormentas de la vida han dejado su huella; nadie ha aprendido de las lecciones ni podado las partes innecesarias. Debes ser como una secuoya gigante, siempre queriendo llegar más arriba con la majestuosa expresión de ti mismo.

ARCA. El arca de Noé representa el equilibrio entre las energías masculina y femenina en las aguas emocionales de la vida. Equilibrio emocional en las asociaciones. Véase *barco*.

ARCILLA. Estás preparado para moldearte y convertirte en algo nuevo, creando nuevas realidades en tu vida. Una determinada situación puede ser moldeada, se le puede dar una nueva forma y convertirla en una experiencia armoniosa.

ARCO (de arquero). El poder de establecer metas; la fuerza para realizarlas. Flexibilidad. Fuerza que puede disparar la flecha al éxito. Véanse *arquero, flecha*.

ARCO (arquitectura). Soporte, marco. Si se encuentra en una ventana o un pasillo, sugiere una nueva oportunidad o dirección.

ARCO IRIS. Equilibrio y armonía perfectos, realización, salud, totalidad. Has pasado por lecciones difíciles y lo has hecho bien. Tu yo superior o guía está complacido.

ARDILLA. Tienes guardadas todas las herramientas que necesitas; reorganízate y úsalas. Guardar cosas que uno no necesita, almacenar. Hacedor; alguien que planifica las cosas con antelación.

ARENA. Parte ilimitada de uno mismo, que está cambiando continuamente, que nunca es igual, pero siempre está ahí. Las arenas del tiempo: todo es ilusión, nada es permanente. También energía que alimenta, que ancla. Si tu casa está sobre la arena, esto representa unos cimientos sumamente cuestionables.

ARENAS MOVEDIZAS. Estás atrapado en tu miedo y te estás hundiendo con él. Supéralo, amplía tu perspectiva y crea un refugio interior de seguridad y armonía mediante la meditación.

ARMA. Mal uso de la energía; defensa, control, manipulación. Las palabras pueden ser armas. La comprensión y el amor son las únicas armas que se necesitan para crear el tipo de mundo que deseamos.

ARMA DE FUEGO. Energía sexual. Si se dispara, fíjate en qué parte del cuerpo te ha herido: estás perdiendo energía de ese chakra. Si alguien te está persiguiendo con un arma de fuego, significa que tienes miedo de tu propia sexualidad. Véase *pene*.

ARMARIO. Lugar para guardar actitudes, ideas y recuerdos. Probablemente deberías eliminar unos cuantos. También, esconderte de la corriente principal de la vida, o cerrarte a ella.

AROMA. Véase *olor*.

ARPA. Armonía, música de los dioses; despertar espiritual o alimentar al yo superior.

ARQUERO. Establece tu rumbo o dirección. Energía causal. Véanse *arco, flecha*.

ARQUITECTO. Eres el arquitecto y el constructor de tu vida; puede significar planear una nueva dirección, hacer anteproyectos para la expansión y oportunidades. Tiempo para hacerte responsable de ti mismo.

ARRESTADO. Pérdida de libertad; te impiden avanzar. Asume la responsabilidad por los actos y actitudes que han creado esta situación en particular; conviértelos en una nueva comprensión positiva.

ARRIBA. El símbolo de arriba sugiere que debes elevar tus visiones, tener un nuevo objetivo, aprovechar la energía del tercer ojo para hacer uso del yo superior creativo. Si algo oscuro o amenazador se cierne sobre ti, te están abrumando los miedos inexplorados o aquellos que has permitido que crezcan desproporcionadamente.

ARRIESGARSE. Enfrentarse a un miedo; oportunidad de crecimiento; conocerse a uno mismo. Véase *peligro*.

ARRODILLARSE. Véase *reverencia*.

ARROYO. Expresión emocional suave; sanación espiritual. Problemas, preocupaciones que son fáciles de superar, de resolver con tu propio esfuerzo.

ARTE. Habilidades potenciales inconscientes. Expresión creativa a través de relaciones, música, escritura, pintura o cualquier forma de arte. El arte de vivir; cómo te estás expresando. Desarrolla y experimenta más plenamente el yo creativo.

ÁRTICO. Emociones congeladas, miedo a abrirte. Te niegas a ver que tu verdadera naturaleza es flexible y dúctil. Es el momento para salir del frío y deshelarte.

ARTICULACIONES. Necesidad de trabajar en equipo. Flexibilidad. El lado izquierdo es el lado para recibir y el derecho es para dar.

ARTRITIS. Represión; yo inmovilizado por actitudes y creencias rígidas. Falta de expresión verbal de sentimientos y necesidades. Autocastigo.

AS. Talento o habilidad que te sostendrá a lo largo del juego de la vida, como un as en tu manga. También, el 1 o el 11. Véase *números*.

ASAMBLEA. Véase *grupo*.

ASCENSOR. Dependiendo de si el movimiento es ascendente o descendente, indica si vas en la dirección correcta. Si sube significa que vas por buen camino, que tienes una perspectiva elevada; si baja significa que vas en la dirección equivocada. Ir hacia abajo también puede significar que estás explorando problemas profundamente arraigados, intentando comprender tus sentimientos y motivaciones.

ASESINATO. Véase *matar*.

ASCETA. Negación de uno mismo; esfuerzos para crecer interiormente mediante la renuncia al mundo exterior. Búsqueda espiritual, a menudo mal dirigida a través del odio a uno mismo y una mala imagen de uno mismo, en lugar de a través del amor a Dios. Limpieza, purificación.

ASMA. Falta de protección del centro del corazón; recibir demasiado estrés y tensión de las personas que te rodean. La respiración fatigosa es consecuencia de una sobrecarga emocional. La relajación y la meditación están indicadas para producir energía y centrarla.

ASTILLA. Un irritante, una espina en la carne; actitud negativa o hábito negativo que provoca una molestia.

ASTROLOGÍA. Relación de los ciclos cósmicos planetarios con tu propia vida; influencia cósmica, energías. Pautas, mapas de aspectos o construcciones que puedes usar para intensificar el aprendizaje y el crecimiento. Las configuraciones astrológicas son escalones para llegar a una conciencia superior. Siempre tienes libre albedrío para determinar cómo utilizarás cualquier influencia a cualquier nivel de tu ser, y responder a ella. Véase *horóscopo*.

ASTRONAUTA. Aventurero espiritual o explorador. Disposición a abrirte a una nueva conciencia. No hay limitaciones.

ASUSTADO/A. Véase *miedo.*

ATASCO. Un atasco en el tráfico significa que estás atrapado en la confusión, que llevas puestas unas anteojeras, que no estás viendo el montaje.

ATAÚD. El final de una situación o experiencia; cerrar una parte de uno mismo. Estar encerrado; no hay crecimiento. Es el momento de salir y seguir adelante. También puede significar «caso cerrado». Véase *entierro.*

ÁTICO. El yo superior o el yo espiritual y lo que está ocurriendo en tu crecimiento y desarrollo espirituales. La dirección y la comprensión están determinadas por otros símbolos en el ático y los sentimientos que experimentas.

ATLETA. Integración de la fuerza mental, física y espiritual a través de la concentración y la dirección de energía. Fortalecer las cualidades sugeridas por las partes del cuerpo que están siendo ejercitadas (brazos, cabeza, espalda: véanse partes del cuerpo individuales); desarrollar habilidades sugeridas por el equipo utilizado (equilibrio, flexibilidad, resistencia). Necesidad de aumentar la percepción y crear energía en el yo físico.

ATRAGANTARSE/SOFOCARSE. Bloqueo del poder del kundalini en el chakra de la garganta o quinto chakra, normalmente por una falta de expresión verbal. Atragantarse con la comida indica incapacidad para digerir o aceptar ciertas experiencias o ideas.

AUDICIÓN. Seguridad en ti mismo, voluntad de ponerte a prueba y ver lo que has aprendido. Probar un nuevo papel; abrirte a nuevas experiencias y papeles.

AUDIENCIA. Oportunidad para expresarte y ser oído; diversas partes de ti mismo son receptivas a la integración y la dirección, de modo que los objetivos pueden ser formulados y puedes iniciar nuevas aventuras. Si el público no está escuchando, una parte de ti no está dispuesta a oír y responder a los cambios necesarios. Tienes que obtener su atención a través del amor a ti mismo y la aceptación.

AUDITORIO. Véase *edificio.*

AURA. Campo de energía o luz que te rodea; carisma. La fuerza o intensidad refleja cuán fácil o difícil estás haciendo que tu vida sea. La meditación intensifica y mantiene el campo energético.

AUTOBÚS. Enorme potencial para la expresión de uno mismo. Véase *vehículo.*

AUTÓGRAFO. Identificar al yo. Búsquese nombre en *alfabeto* y *números.*

AUTOMÓVIL. Tú en tu vida diaria física. Cuanto más grande es el vehículo, más potencial estás utilizando para manifestar lo que quieres. Si vas subiendo por una montaña, estás en el camino correcto. Si vas montaña abajo, vas en la dirección equivocada. Si vas hacia arriba y hacia abajo, no tienes el control y tu energía está dispersa. Si no vas en el asiento del conductor, ¿a quién le estás permitiendo conducir tu coche? Ponte detrás del volante y toma el mando de tu vida y su dirección. Fíjate en el color del vehículo y cuánta gente hay en su interior, contigo, si es que hay alguien. Véanse *número, color.*

AUTOPISTA. Buen carácter. Véase *camino.*

AVALANCHA. Liberarse de emociones congeladas con una poderosa sacudida. Oportunidad de realizar cambios antes de que la congelación se vuelva a establecer. Partes rechazadas de ti mismo que se liberan temporalmente. Véase *desastre.*

AVARO. No eres consciente de tu propia valía; carencia, limitación. No utilizar los talentos, las habilidades, el poder creativo. Egoísmo por ignorancia. El universo es abundante: sólo tienes que aprovechar sus recursos.

AVATAR. Véase *orientación.*

AVE. Libertad espiritual; la capacidad de elevarse hacia una conciencia superior. Estar libre de ataduras materiales.

AVENTURA AMOROSA. Véanse *adulterio, relaciones sexuales.*

AVESTRUZ. Evitar el crecimiento negándote a enfrentarte a la vida. Tarde o temprano, uno debe enfrentarse a sí mismo; no hay forma de escapar permanentemente.

AVIÓN. Cualquier aeronave que vuele indica un despertar espiritual; subir a nuevas alturas. Fíjate si el avión está en tierra, en el aire, despegando o aterrizando: la posición refleja tu conciencia o percepción espiritual en relación con un determinado problema o situación.

AVISPA. Véase *abeja.*

AYUNO. Si estás ayunando, ello significa purificación y limpieza. También, si se lleva al extremo, indica negación de uno mismo y falta de amor a uno mismo; es destructivo para la energía física.

AZADA. Herramienta para la preparación de un nuevo crecimiento. Se usa para romper los límites, para extraer lo negativo.

AZÚCAR. Véase *golosina.*

AZUL. Espiritualidad, relajación, felicidad. Dependiendo del contexto, puede significar tristeza o decepción, como cuando uno se siente deprimido; emociones congeladas, como cuando uno se pone azul por el frío; o estar dolorido y magullado por las experiencias.

AZULEJO. Cobertura protectora; fría, inflexible. Los azulejos de cerámica pueden reflejar una expresión creativa.

BAILARINA. Equilibrante, alegre, edificante. Véase *danza.*

BAILE. Alegría, felicidad, gozo. La danza de la vida. También, bailar alrededor de un problema en lugar de resolverlo.

BALANCEO. Véase *péndulo.*

BALANZA. Equilibrio en tu vida. Fíjate en qué dirección se inclina la balanza, y en su liviandad o pesadez. Si aparecen números, comprueba su significado.

B

BALCÓN. Nivel de percepción superior; elevar la conciencia. Podría significar que vas hacia arriba. Véase *casa*.

BALLENA. Poder emocional. Percepción, intuición. Una gran oportunidad está llegando.

BALÓN. Completo, íntegro; la integración del consciente y el inconsciente, del cuerpo, la mente y el espíritu. Si estás jugando con un balón, ello indica la necesidad de jugar y abrirte a una percepción infantil. Si le lanzas el balón a otra persona, quiere decir que ahora le toca a ella; si estás cogiéndolo o recibiéndolo, es el momento de actuar: el balón está en tu campo.

BALSA. Estar en medio de aguas emocionales; la situación puede ser inestable. Véase *barco*.

BALSA SALVAVIDAS. Permanecer por encima del agua en el mar emocional, pero simplemente estando ahí en medio del mar. Observa cómo te lo estás organizando y haz cambios positivos.

BANCO (para sentarse). Lugar para el descanso y la relajación. Tomarse un descanso. Véase *silla*.

BANCO (de dinero). Intercambio cósmico, reserva de energía, recursos ilimitados. Inconsciente colectivo; reserva de todo el conocimiento y de ideas a las que puedes recurrir en cualquier momento. Invierte en ti mismo; depósitos de talentos y revelaciones que siempre estarán ahí; eres libre para utilizar toda la reserva colectiva para crear lo que tú quieres. La meditación te permite aprovechar estas energías.

BANDEJA. Necesidad de alimentarse y servirse a uno mismo.

BANDERA. Celebración de los nuevos cambios que están teniendo lugar.

BANQUETE. Festín, celebración. Puedes crear cualquier cosa que tú quieras. Véase *comida*.

BAÑO. Purificación, limpieza. También un tiempo para la relajación y para mimarte un poco. Véase *agua*.

BAR. Normalmente representa la búsqueda de fuerza en el exterior, en lugar del interior. Necesidad de aceptarse a uno mismo, de compañerismo, de superar el miedo al rechazo. Escape; adormecer los sentimientos y la armonía con uno mismo y con los demás. También, la transformación de la conciencia, beber el poder superior. Véase *alcohol*.

BARBA. Fuerza, sabiduría, masculinidad. Véase *pelo*.

BARBERO. Aspecto de ti mismo preocupado por la imagen, el poder y la fuerza. Véase *pelo*.

BARCO. Tu yo emocional. Si llevas el timón, tienes el control; si el barco va a la deriva, no estás al mando de tu vida emocional. Si se está hundiendo, estás permitiendo que tus emociones te hagan ir hacia abajo, de modo que fíjate bien qué te está haciendo caer en tu vida diaria. Mediante el autoanálisis y haciendo elecciones positivas, puedes cambiar tus estados emocionales negativos.

BARCO DE VELA. El yo emocional. Estás aprendiendo, o necesitas aprender, a navegar y a fluir con los vientos del cambio, manteniendo el rumbo a través de las diversas corrientes de la vida diaria.

BARNIZ. Protección, embellecimiento. O tapar los errores. Comprensión superficial. Fíjate en el contexto del sueño.

BARÓMETRO. Indicador de tu clima emocional, las fluctuaciones y los cambios.

BARRICADA. Problema que debe solucionarse antes de continuar; una parada hasta que resuelvas tu dilema. Una barrera al crecimiento que tú mismo te has impuesto. Ver lo que es y encontrar la solución creativa en tu interior.

BARRO. Si estás atrapado en el barro, no estás avanzando, ni creciendo, en la vida y necesitas liberarte de los pensamientos y situaciones limitadores. Si estás embarrado o hay barro a tu alrededor, debes hacer una limpieza en tu vida, empezar a hacerte responsable de tus actos.

BASTÓN. Apoyo, influencia útil. Es posible que necesites asistencia en algún proyecto o plan. Un buen compañero o compañera. Símbolo místico para la orientación; estabilizar tu camino por el sendero de la vida. El bastón de un pastor atrae los aspectos perdidos u olvidados de uno mismo. Fortaleza dentro del propio ser.

BASURA. Ideas, actitudes y creencias descartadas, que ya no necesitas. Negatividad, pensamientos inútiles que deben ser eliminados. Todas las experiencias y programas que debes limpiar, eliminar, para construir una vida positiva y constructiva.

BATALLA. Véase *guerra*.

BATERÍA. Fuerza vital o energía; conexión con el Yo-Dios. La recarga regular a través de la meditación mantiene tus pilas cargadas: si no hay energía, no hay percepción.

BAUTISMO. Despertar espiritual; renacimiento en una conciencia superior a través de Cristo o el Espíritu Santo; la muerte de las pautas de pensamiento limitadas a través de la conciencia del Yo-Dios interior. El verdadero bautismo no tiene nada que ver con la ceremonia o el ritual, sino que es un sentido de la conexión espiritual dentro del individuo. Este despertar te permite ver y comprender la verdad de tu ser, saber que todas las cosas son posibles.

BEBÉ. Nuevo nacimiento dentro de ti; nuevos aspectos que cobran vida; nuevo comienzo. Apertura; un potencial de crecimiento sin explotar.

BELLOTA. Semilla de un gran potencial dentro del ser. Recordatorio de que debes alimentar y desarrollar tu naturaleza espiritual para que todo tu poder y expresión creativa se realicen.

BENDECIR, BENDICIÓN. Protección divina, dada como un regalo de amor. Forma de iniciación; aceptación de uno mismo o reconocimiento del progreso en el crecimiento y la comprensión.

BESO. Afecto, calidez, comunicación. También, el beso de la traición. Véase *cupido*.

BIBLIA. Estudios espirituales; la búsqueda de la iluminación por parte del ser humano. El documento más cercano a la verdad, pero debe ser interpretado simbólicamente.

BIBLIOTECA. Recursos internos, conocimiento. Aprender cosas nuevas; estudiar.

BICHO. Te están molestando cosas pequeñas; pequeñas contrariedades. Aumenta tu energía y tendrás una mejor perspectiva.

BICICLETA. Necesidad de equilibrio en tu vida. Equilibra las energías antes de avanzar a toda velocidad.

BIFURCACIÓN. Una bifurcación en un camino significa que debes decidir en qué dirección irás ahora en tu vida.

BIGOTE. Poder para comunicarse con claridad.

BILLAR. Como todos los juegos, sugiere competencia, habilidad, concentración, ganar y perder. Véase *juego*.

BILLETERO. Identidad. Véase *cartera*.

BINOCULARES. Capacidad de ver con claridad.

BISAGRA. La vida depende de la percepción. Acceso a información y conocimientos. La bisagra se mueve hacia dentro o hacia fuera: tú eliges si quieres abrir o cerrar la puerta de las oportunidades.

BLANCO (color). Verdad, pureza, luz de Dios, luz de Cristo, protección, orientación.

BLANCO (diana). Objetivo, dirección. Es necesaria la autodisciplina para llegar a destino.

BLASÓN. Como escudo de armas, es tu propio sentido de identidad o raíces.

BOCA. Expresión verbal, comunicación; exprésate. También, un cotilleo, un chisme: controla lo que dices sobre los demás. Fuente de nutrición y sustento.

BODA. Véase *matrimonio*.

BOLSA (de la compra). Herramientas para nutrir al yo.

BOLSILLO. Lugar para esconderse. Ocultar una parte de ti, de tu identidad, ante los demás. Algo que llevas contigo y crees necesitar. Lugar seguro para guardar cosas.

BOMBA ATÓMICA. Enorme potencial energético y responsabilidad por su uso creativo. Podría indicar una gran represión emocional al borde de la explosión: exprésate verbalmente, busca ayuda, presta atención a tus propias necesidades y actúa inmediatamente. También indica el despertar del fuego del kundalini o la energía interior, que es como una explosión hacia la conciencia superior.

BOMBERO. Orientación, yo superior. Parte de uno mismo que es capaz de trabajar con la limpieza y la purificación, eliminando creencias y actitudes negativas.

BOMBILLA. Una bombilla de luz es una idea cuando se enciende; si está apagada, medita para expandir tu campo de energía, para tener nuevas ideas.

BORRACHERA. No estás viendo las cosas con claridad, te estás insensibilizando. Véase *alcohol*.

BOSQUE. Enorme protección, crecimiento, fuerza; entrar en el inconsciente. Si estás perdido en el bosque, esto significa que «los árboles no te dejan ver el bosque». Hazte cargo de lo que está ocurriendo en tu vida.

BOSTEZO. Aburrimiento; falta de energía, de motivación.

BOTELLA. Una botella con tapón significa que estás cerrado o encerrado dentro de ti, pero que puedes llegar fácilmente a una nueva conciencia. Una botella vieja y vacía es la parte de ti que has descartado y que ya no necesitas. Si recibes un mensaje en una botella flotante, que ha sido arrastrada hasta la orilla por el mar, significa que el yo inconsciente te está ofreciendo una respuesta a un problema.

BOTÓN. Utilizado humorísticamente, es la necesidad de abrochar tus labios (cerrar la boca). Si te desabotonas, indica que te estás abriendo. También puede significar que alguien está presionando tu botón para ver si reaccionas.

BRAGAS. Véase *calzoncillos*.

BRAZO. Expresión de poder o energía, extensión de uno mismo. Si se trata del brazo derecho, es enviar y regalar; si es el izquierdo, de recibir y recoger. Dependiendo del contexto del sueño, los brazos pueden simbolizar apoyo, creatividad o la manera de expresarte en el mundo. Véase *cuerpo*.

BRONCE. Fuerza, progreso, ingenuidad. Protector, fortalece la cobertura. Primeras lecciones aprendidas en tu desarrollo.

BROTE. Te estás preparando para nuevas oportunidades. Ten paciencia.

BRUJA. Parte fea y aterradora de uno mismo que debe ser cambiada. Manipuladora, controladora. Odiarse a uno mismo, detestar. No ver la propia belleza interior, el diamante interior. Uno no debe usar el poder para manipular o engañar. Si uno usa la energía de una forma destructiva, en lugar de hacerlo creativamente, tendrá pagos kármicos que realizar.

BRÚJULA. Detente y observa cuál es tu dirección en la vida. Si te sientes perdido, sintoniza con tu sentido interior, tu sendero interior, y encontrarás el camino. Dirección hacia la que te diriges ahora. Véanse *norte, sur, este, oeste*.

BUDA. Maestro; yo espiritual superior; fuente de energía espiritual y verdad.

BÚFALO. Fortaleza antigua. Intimidar, desconcertar, mistificar.

BUFÓN. Véase *payaso*.

BÚHO. Sabiduría; capacidad de ver con claridad en la oscuridad o reconocer partes desconocidas de uno mismo.

BUITRE. Consume las viejas partes de ti, las creencias y actitudes que ya no necesitas. Se alimenta de las ideas viejas, decadentes, en lugar de las creativas, nuevas, que están vivas.

BULBO. El bulbo de una flor representa un potencial para el crecimiento y el desarrollo; tiempo para sembrar.

BULLDOZER. Gran poder para construir o para echar abajo las cosas. Puede significar eliminar lo viejo, prepararse para lo nuevo. Deshacerse de las viejas ideas. Dependiendo del contexto, puede significar destrucción de los límites, construcción de nuevos cimientos, o ambas cosas.

BUQUE. Véase *barco*.

BURBUJA. Véase *globo*.

BURRO. No estás usando la cabeza. Piensa en lo que estás haciendo en la vida. Entregar el poder.

BÚSQUEDA. Te estás buscando a ti mismo en los lugares equivocados: busca en tu interior.

C

CABALLO. Libertad, poder; energía sexual. Montar a caballo sugiere la unidad con la naturaleza, un sentido expandido de ti mismo.

CABAÑA. Necesitas descanso y relajación.

CABEZA. Estás intelectualizando demasiado. Usado humorísticamente, significa que debes salir de tu cabeza. Véanse *rostro*, *cuerpo*.

CABLE. Comunicación con los demás y con uno mismo. Representa el nivel y el grado de apertura para enviar y recibir mensajes; conexión fuerte. Como alambre, sugiere fuerza y durabilidad. Véase *alambre*.

CABRA. Capaz de digerir prácticamente cualquier cosa, lo cual podría indicar falta de juicio. Llegar a la raíz del problema; eliminar la negatividad que está bloqueando el progreso. Usar a alguien o algo como chivo expiatorio, sin aceptar tu responsabilidad.

CACHORRO. Una nueva parte del yo masculina y enérgica. Necesita amor y cuidados.

CACTUS. Cuidado; mira pero no toques. Belleza aparente que puede tener repercusiones dolorosas. Parte negativa de ti que creció sin muchos cuidados o cariño, y puede hacer daño a uno mismo o a los demás por falta de conciencia. Un problema espinoso. Chismorreo, comentarios malintencionados que te hacen sufrir a ti mismo o a otra persona.

CADÁVER. Una parte de ti mismo que ha muerto: sentimientos, actitudes, creencias. Pueden ser aspectos positivos o negativos. Normalmente sugiere sentimientos y respuestas apaciguados. El miedo te ha cerrado a tu propia vitalidad.

CADENA. Fortaleza. Muchos eslabones, o partes, que trabajan juntos. Además, un eslabón por sí solo significa aislamiento, debilidad; o la clave, pues es el eslabón perdido. Restricción o límite, pues te encadenas a hábitos e ideas que te impiden experimentar un mayor crecimiento y logro.

CADERA. Usado humorísticamente, significa que estás «disparando desde la cadera».[2] Aprende a hablar y a expresar verbalmente tu propia verdad.

CAER. Véase *caída.*

CAFÉ. Relajación, estimulación, pacificación; hábito que hay que examinar; depende de lo que el café represente para ti.

CAFETERÍA. Véanse *bar, restaurante.*

CAÍDA, CAER. Podría sugerir la pérdida de control en una situación, o tener poca energía. Necesidad de centrarte a través de la meditación para retomar el rumbo. También podría tratarse de un «mal aterrizaje» al regresar al cuerpo durante la noche.

CAIMÁN. Gran poder para la expresión verbal, que debe ser vigilado de cerca para que no se utilice de forma destructiva. Mie-

---

2. Expresión norteamericana que significa «hablar sin pensar». (*N. de la T.*)

do a un mal uso del poder verbal. Integración de la energía física y emocional en un equilibrio precario.

CAJA. Los juegos que tú estableces, pequeñas realidades que creas, límites que te impones. Uno intenta continuamente salir de las cajas y expandir su visión.

CAJA DE PANDORA. Proceso de crecimiento: soltar todo lo negativo, todos los miedos, para que pueda emerger una conciencia positiva de ti mismo.

CAJÓN. Lugar para guardar ideas, accesible pero cerrado. Si el cajón está desorganizado, es el momento de eliminar lo viejo y guardar únicamente aquello que es útil, que sirve actualmente a tu crecimiento.

CALCETINES. Dependiendo del sueño: calor y comodidad, o papeles que estás interpretando.

CALCULADORA. Autoevaluación; sumar las cosas. Dependiendo del contexto, puede indicar que uno se juzga duramente a sí mismo, o una necesidad de equilibrar el fluir de la energía. También, resolver una situación.

CALENDARIO. El momento adecuado para un proyecto; desarrollo. Crecimiento estacional. Véanse *tiempo, estación*.

CALENTADOR. Necesidad de calidez, amor y cariño. Darte consuelo y amor a ti mismo. Puede significar que has desconectado las emociones. Sé más afable, muestra tus emociones y ama.

CÁLIDO. Dependiendo del contexto: seguro, cómodo, sentimiento, afecto. Equilibrio de la temperatura emocional, ni demasiado calor ni demasiado frío.

CALIENTE. Un punto caliente en tu vida exige un manejo emocional frío; estás en una situación difícil porque has hecho algo mal. Véase *calor*.

CALOR. Puede ser algo tan simple como que te has puesto demasiadas mantas encima para dormir. Emociones, deseos y pasión intensos; una discusión acalorada, o estar caliente. Véase *frío*.

CALZONCILLOS/BRAGAS. Algo que cubre los chakras inferiores. Podrías estar ocultando tu sexualidad.

CALVO. No adornado, no disfrazado; simbólico de exponer el chakra de la coronilla a un aprendizaje superior y a la verdad; dedicación al crecimiento espiritual. La pérdida de cabello significa también la pérdida de poder. Véase *pelo*.

CALLE. Véase *camino*.

CALLEJÓN. Atajo para cambiar de dirección; redirigir los planes. El camino es estrecho y limitado, pero debe seguirse fielmente. Si es oscuro, representa una ruta desconocida y poco familiar.

CAMA. Puente entre el consciente y el inconsciente; regreso al útero universal o a la fuente de poder. Las camas desempeñan un papel importante en nuestras vidas: descanso, relajación, rejuvenecimiento, cariño, intimidad sexual. Deseo de seguridad; conciencia de la protección divina. Relación especial con muchos niveles del yo; expresión de la individualidad: haces tu propia cama o tus experiencias de vida.

CAMALEÓN. Adaptabilidad; flexibilidad. Inconstancia; cambiar continuamente de roles; caprichoso.

CÁMARA. Percepción de las experiencias; registro de la vida al que recurrir para aprender. Aprende a ver la lección positiva para el crecimiento en todas las imágenes o experiencias de la vida, y tu álbum de fotos estará lleno de la esencia de la alegría y del amor.

CÁMARA ACORAZADA. Guardar las cosas valiosas por temor; talentos, habilidades que están guardados bajo llave. Cosas que guardas para que estén seguras. La única seguridad es la expresión creativa, abundante, de ti mismo.

CAMARERO/A. Partes masculinas, o femeninas, de uno mismo que alimentan y sirven. Si estás enfadado con el camarero o la camarera, pregunta qué parte de ti estás rechazando, no estás aceptando. Si el servicio es lento, no estás permitiéndote el alimento y el sustento que necesitas.

CAMELLO. Resistencia; recursos internos a los que uno puede recurrir mientras transita por la vida. Perseverancia ante las dificultades que deben ser resueltas.

CAMINAR. Estás avanzando por tu camino; movilización. Véase *acera*.

CAMINATA. Recargar energía para tener claridad; rejuvenecimiento físico y mental.

CAMINO. Tu dirección en la vida. Fíjate si está pavimentado, si es rocoso o si es de tierra; si es de doble sentido, si es una autopista, o lo que fuere; si es curvo o recto, si sube o baja por una montaña. Las condiciones del camino sugieren cómo estás creando tu vida en este momento. Si el camino es descendente por una montaña, ello indica que vas en la dirección equivocada. Si sube y baja, indica que estás reaccionando a las cosas en la vida, que no estás progresando mucho, que necesitas estabilizar tu dirección. Si estás en una bifurcación en el camino, estás a punto de tomar una decisión importante. Véase *cruce de caminos*.

CAMINO DE ENTRADA. Extensión del yo; facilitar el acceso a la realidad exterior. Entrada a tu casa o a ti mismo. Si se trata del camino de entrada a casa de otra persona, véase *camino*.

CAMIÓN. Vehículo grande, poderoso. Gran potencial. Si está transportando algo, ello indica que estás llevando una carga adicional. Véase *automóvil*.

CAMISA. Véase *ropa*.

CAMISA DE FUERZA. Restricción, limitación. Inmovilizado por tus propios conflictos; bloquear la energía creativa y la percepción.

CAMPANA. Armonización, despertar a una nueva comprensión, centrarse y armonizar con la conciencia divina. Señal de que hay que estar alerta, sensible a experiencias actuales y del pasado, o soñar con un mensaje.

CAMPO. Imágenes del campo sugieren un tiempo para el crecimiento, la creatividad, la relajación. Volver a armonizar con la percepción infantil de la naturaleza. Muchas opciones creativas.

CAMUFLAJE. Ocultar tu verdadero yo.

CANAL. Dirección emocional estrecha; camino emocional que puede ahorrarte tiempo y energía, pero que deja poco lugar para la variación.

CANALETE. Véase *remo*.

CANASTA. Programas, ideas y creencias a los que te estás aferrando.

CÁNCER. Rabia, frustración, desilusión; un miedo que te come por dentro. Falta de amor a ti mismo; incapacidad de ver la desarmonía interior, o la negativa a hacerlo. La represión de cualquier tipo es peligrosa para la salud física, mental y emocional. Exprésate verbalmente, saca las cosas fuera y sé sincero contigo mismo.

CANDADO. Estás encerrado dentro de ti mismo, cerrado; relájate y ábrete. No hay candados en las puertas del Cielo.

CANGREJO. Es necesario avanzar o resolver el problema de una forma indirecta; o ahora estás moviéndote de lado, en lugar de ir de frente. Tu actitud actual: hosca.

CANGURO. Gran poder y fuerza. Las enormes patas sugieren tener los pies en la tierra, movilidad.

CANÍBAL. Privar a una parte de ti mismo para fortalecer otra; destruir partes de ti mismo mediante la insensibilidad, las ansias ocultas, la ignorancia. Vivir de las energías de los demás en lugar de generar tu propia fuente de energía creativa. Necesidad de despertar un conocimiento espiritual más amplio para ver la interconexión de toda la vida.

CANOA. Mantener el equilibrio emocional. Véase *barco*.

CANTAR. Expresión de alegría, felicidad, armonía; energía sanadora. Levanta el ánimo, eleva el kundalini o la energía vital. Alaba al Señor, o al yo superior, el espíritu de la vida.

CANTIMPLORA. Utensilios que se llevan fácilmente para cuidar del yo emocional.

CAÑA DE PESCAR. Herramienta para el crecimiento espiritual y emocional; estás intentando pescar respuestas. Búsqueda de conciencia espiritual. Aquello que buscas está en tu interior. Véase *pescado*.

CAÑERÍAS. Sistema interior de limpieza y expulsión. Si están obstruidas, estás reprimiendo emociones, evitando comportarte de una forma responsable.

CAÑITA. Aprender a dirigir las emociones.

CAÑÓN. Acercarse a un territorio desconocido; el inconsciente. Lecciones específicas pero limitadas a aprender antes de aventurarse otra vez al exterior; camino estrecho.

CAPITÁN. El yo superior que te guía por las aguas emocionales de la vida. Si no estás al mando, estás fuera de control y necesitas asumir la responsabilidad por ti mismo.

CAPUCHA. Esconderse; no ser capaz de mostrarte tal como eres, o no querer que te vean tal como eres. Engaño, deshonestidad; protección.

CAQUI. Camuflaje, esconderse. Incapacidad de ver algo claramente. Crear ilusiones.

CARACOL. Arrastrarse a la velocidad de un caracol; no estás avanzando muy bien con el crecimiento y el aprendizaje. Sal de tu caparazón y sigue adelante.

CARBÓN. Fuentes de energía desconocidas dentro de uno mismo; potencial.

CARBURADOR. Armonizarte espiritual, emocional y físicamente. Equilibrio.

CÁRCEL. Barreras autoimpuestas que son el resultado de la inacción. La llave para salir de esta cárcel es el pensamiento creativo: define tu objetivo y avanza. Asume la responsabilidad de tu vida.

CARGA. Estás cargando demasiado peso, responsabilidades asumidas; una carga innecesaria. Todo el mundo podría levantar una gran parte de la carga que cree que es importante llevar.

CARNADA. Atracción, oportunidad. Un aliciente en una determinada dirección. Observa y evalúa. Significa que debes prestar atención.

CARNE. Dependiendo del sueño, puede indicar ir a la raíz de un problema, o que posiblemente necesitas comer carne para mantenerte conectado a la tierra.

CARNERO. Fuerza, poder, fortaleza masculina.

CARNICERO. Agresividad, rabia; cortar al yo en partes, en lugar de integrarlas, alcanzar la totalidad. Miedo, insensibilidad.

CARPINTERO. Construir tu vida. Reparaciones, mantenimiento, adiciones, sustracciones. Observa lo que estás haciendo y qué se necesita hacer.

CARRERA. Si estás participando en una carrera, estás compitiendo contigo mismo. Une todos los aspectos de ti para poder «ganar». Si estás corriendo solo, tómate tu tiempo para relajarte, integrarte y reflexionar durante el camino.

CARRO DE SUPERMERCADO. Algo que te ayuda a acumular y a transportar fácilmente todo lo que necesitas para cuidar de ti.

CARRUSEL. Rueda del karma; estás dando vueltas y vueltas en los mismos números y programas. Examina lo que estás haciendo. Bájate y progresa un poco.

CARTA. Noticias o información. Enseñanza.

CARTAS. Ver la vida como un juego, una jugada. Centrarte en ganar y perder, en lugar de en crecer; competir en lugar de crear. Si una adivina te está leyendo las cartas, esto refleja tu propia armonización psíquica; o buscar tu destino en fuentes externas, no internas. Recuerda que creas desde tu interior.

CARTEL. Véase *anuncio.*

CARTERA. Tu identidad; si pierdes la cartera, no estás seguro de quién eres. Podrías estar entregando tu poder a otras personas, o haciendo una transición hacia un nuevo concepto de ti mismo.

CARTERO. Están llegando noticias o mensajes, que normalmente serán bienvenidos. Podría querer decir que el sueño que vendrá a continuación será particularmente importante y tendrá una información directa de tus guías.

CASA. El yo. El lugar de la casa en el que te encuentras y lo que está ocurriendo ahí habla de las diversas facetas de tu vida. Si estás entrando en habitaciones oscuras o desconocidas, quiere decir que estás explorando las partes desconocidas de ti. Si las habitaciones están desordenadas, organízate y elimina los hábitos y las ideas viejos e inservibles. Los muebles y las personas que hay en la casa son aspectos de ti. Fíjate especialmente en los colores y las formas. Las diferentes habitaciones son distintos aspectos del yo.

Segundo piso o ático: conciencia espiritual.
Planta baja: situaciones de la vida diaria.
Sótano: conciencia sexual y el inconsciente.
Cocina: área de trabajo, elaboración de planes y proyectos, preparación para ayudar al desarrollo de algo.
Dormitorios: descanso, sueños, inconsciente, sentimientos sexuales.
Biblioteca: intelecto y aprendizaje.
Sala de estar: interacción diaria con los demás.
Comedor: sustentar, alimentar, compañerismo.
Baños: limpiar, eliminar lo viejo.
Porche o patio: prolongación de ti mismo, disfrute, relajación.
Cimientos: fortaleza interior y conectar con la tierra.

CASCADA. Energía electromagnética que alimenta y sana. Dejar salir y expresar las emociones de una forma sana.

CASCO. Cerrar el chakra de la coronilla. Dependiendo de cómo se utilice, puede indicar sobreprotección o que simplemente estás siendo excesivamente cauto. No estás dispuesto a salir de tu cabeza.

CASTILLO. Aspira a realizar tus sueños. Puedes crear todos tus sueños y hacerlos realidad.

CASTOR. Te esfuerzas por cerrarte emocionalmente, por impedir que las corrientes emocionales se abran y fluyan. Te escondes para no resolver los problemas emocionales. Véase *animal*.

CASTRAR. Quitar el poder masculino, la firmeza, la fuerza; destruir la capacidad de sentir y crear.

CATACUMBA. El ser interior; los aspectos ocultos de ti mismo. Deambular por las profundidades de muchas vidas pasadas; integración.

CATEDRAL. Véase *iglesia*.

CAUTIVO. Entregar tu poder a otras personas, no ser asertivo. Tener resentimiento hacia los demás por dejar que se aprovechen de ti. Olvida la autocompasión y recupera tu poder; establece un rumbo responsable y creativo en la vida.

CAZAR. Buscas partes de ti, lo desconocido que hay en tu interior. Cazar animales podría indicar un intento de liberar al yo de las necesidades animales, o inferiores.

CEBOLLA. Aliñar las experiencias de la vida. Si la cebolla te está haciendo llorar, esto sugiere falsedad; las lágrimas son artificiales. No has aprendido la lección de una experiencia.

CEBRA. Mezcla de partes de uno mismo conocidas y desconocidas, blancas y negras. Equilibrio en las energías masculinas y femeninas. Paradojas en tu naturaleza.

CELEBRAR. Véanse *fiesta, ceremonia*.

CELEBRIDAD. Normalmente representa a tus maestros. Fíjate si es hombre (poder masculino) o mujer (poder femenino). Si se trata de un cómico, necesitas usar el humor, ser más alegre. Busca el nombre en *alfabeto* y *números*.

CELIBATO. Miedo a la intimidad. Idea espiritual equivocada de que la iluminación excluye la experiencia de la energía sexual. Bloquear los chakras o centros de energía inferiores. Las energías interiores deben ser integradas, fundirse con una conciencia superior. Retirarse dentro de uno mismo para conocerse; despertar la identidad espiritual.

CELOSO/A. Inseguridad. Detente y trabaja en el amor a ti mismo. Mira tu propia belleza y tu valía personal.

CENA. Véanse *comida, comer.*

CENIZAS. Residuo, esencia, de la purificación espiritual por el fuego o la luz de Dios. Limpieza del cuerpo, la mente y el espíritu, liberando al yo para que llegue a nuevas alturas de comprensión.

CENTAURO. Naturaleza animal, instintiva; funcionar más desde el instinto que desde la percepción superior. Si aparece en una relación, sugiere una orientación sexual, más que un amor genuino. Conciencia de la necesidad de integrar las naturalezas superior e inferior, las energías física y espiritual.

CEPILLO (del pelo). Desenredarnos de los problemas que nos quitan energía. Organizar la energía. También puede querer decir que uno debe dejar ciertas cosas de lado. Estás poniendo a un lado las cosas con el cepillo.

CEPILLO DE DIENTES. Límpiate la boca. Chismorreo, negatividad. Pule la comunicación. Véase *dientes.*

CERA. Blando, impresionable, fácilmente moldeable. Limpia y saca brillo; crea una superficie brillante.

CERA EN LOS OÍDOS. No estás escuchando. Los oídos están tapados; no quieren oír la verdad.

CERAMISTA. Moldeador de tu vida. Crea lo que deseas.

CERDO. Tú u otra persona no estáis compartiendo, estáis siendo codiciosos, ya sea con el tiempo, la energía, el dinero o lo que fuere. Acaparándoos todo el mérito que le pertenece a otra persona.

CEREAL. Semillas que has sembrado, trabajo que has realizado. Alimento espiritual en la vida. Véase *cosecha.*

CEREBRO. Ordenador cósmico o banco de almacenamiento. Aunque está asociado a la mente racional, el cerebro transmite información tanto de la mente consciente como de la inconsciente, trascendiendo la tercera dimensión espaciotemporal. Expande la conciencia de tu propio poder y de tus oportunidades; desarrolla una comprensión interdimensional de ti mismo y de los demás. El poder del cerebro está dormido; la meditación lo despierta.

CEREMONIA. Iniciación, celebración o graduación.

CERILLAS. Herramientas para limpiar y purificar el cuerpo, la mente y el espíritu. También puede significar pequeñas cosas que encienden nuestra furia.

CERO. Véase *números*.

CERVEZA. Véase *alcohol*.

CÉSPED. Crecimiento, cuidados cariñosos, anclarse, protección.

CETRO. Véase *vara*.

CHAKRA. Uno de los siete principales centros de energía en el cuerpo etérico; transformador de energía. Puede sugerir la apertura o el bloqueo de un centro en particular. Los chakras incluyen el chakra de la raíz, el chakra sexual, el plexo solar, el chakra del corazón, el chakra de la garganta, el tercer ojo y el chakra de la coronilla.

CHAL. Cobertura y protección para el chakra del corazón o el de la garganta. Véanse *corazón, garganta*.

CHAMÁN. Véase *guía*.

CHAMPÁN. Véase *alcohol*.

CHAMPÚ. Véase *jabón*.

CHAMUSCAR. Emociones acaloradas. Te estás quemando en una relación o un acuerdo. Véanse *calor, caliente*.

CHARCA. Reflejo emocional de uno mismo. Es tranquila, no está particularmente agitada por los vientos del cambio, pero las orillas son más pequeñas. Véanse *lago, agua*.

CHARCO. Inquietud emocional. Algo dentro de ti que te molesta, a lo que puedes darle la vuelta, pero serías más feliz si lo eliminaras.

CHATARRA. Cosas e ideas viejas que ya no necesitas.

CHEF. Véase *cocinero*.

CHEQUE. Pagar deudas. Ser recompensado por un trabajo bien hecho. Ver también *sueldo*.

CHICLE. Usado humorísticamente, estás en una situación «pegajosa» (difícil). Fíjate dónde pones el pie; de lo contrario, podrías quedarte pegado.

CHIMENEA. Lugar de calidez y cariño. Extensión de uno mismo; canal para limpiar y liberar, como el humo que se va por la chimenea. Véase *casa*.

CHOCOLATE. Darte un gusto como regalo por un trabajo bien hecho. Necesidad de cariño. Véase *golosina*.

CHOQUE. Véase *colisión*.

CICATRIZ. Herida emocional que ha sanado pero que todavía no ha terminado o que no has soltado. Necesitas trabajar un poco para dejar libre a esa persona o situación.

CICUTA. Verdad; defender aquello en lo que crees.

CIELO (firmamento). La única dirección posible es ir hacia arriba; no hay limitaciones. El cielo es el límite. Avanza hacia tu objetivo más elevado. Libertad, expansión.

CIELO (espiritual). Muchas cosas para muchas personas: reunión, descanso, felicidad, disfrute, éxtasis, paz, iluminación, comprensión, amor.

CIELO RASO. Límite o protección. A la larga, superas las cubiertas protectoras. Comprender la relación entre la necesidad de protección y la necesidad de expansión es importante para un bienestar continuado.

CIÉNAGA. Estás en un terreno emocional cuestionable.

CIENTÍFICO. El yo racional, intelectual; un estudiante de la vida. También, guía, yo superior; sabiduría, búsqueda de conocimiento. Véase *laboratorio*.

CIERVO. Aspectos amables, inocentes, de ti mismo, a menudo victimizados por no haber despertado los puntos fuertes y la protección interior. Véase *animal*.

CIGARRILLO, PURO. Un calmante, como el dedo pulgar para un niño. Algo que no tiene más valor que el que tú le das, como algo que te relaja o calma la energía nerviosa. Una influencia dañina que no es necesaria. Algo carente de valor.

CIGÜEÑA. Nuevas direcciones; trae un nuevo crecimiento y oportunidades, y los deja caer sobre ti. Comienzos espirituales. El ave blanca es un mensajero de la verdad. Véase *ave*.

CIMA. Lo has conseguido; has resuelto una situación, realizado un objetivo. Claridad, perspectiva expandida, intuición. Véase *montaña*.

CIMIENTOS. Fuerza interior, apoyo, anclaje. Los cimientos de una casa la soportan y la mantienen. Tus propios cimientos internos deben estar establecidos sobre la roca de la sabiduría, la comprensión y el amor. Véase *casa*.

CINTA. Poner tus mismos temas una y otra vez, atrapado en la misma rutina con la misma vieja canción. Véase *disco*.

CINTURÓN. Mantener las cosas unidas, asegurar un buen funcionamiento, como lo hace una correa en una maquinaria. Cuando está alrededor de la cintura puede representar estrés o tensión en el tercer chakra o plexo solar; un estómago hecho un nudo.

CIRCO. Recupera tu disfrute infantil de la vida. También, que tu vida es un circo en el que están ocurriendo demasiadas cosas: cantidad pero no calidad. Aprende a reírte de ti mismo, a disfrutar de ti y de los demás.

CÍRCULO. Cualidad de entero, completo; sin principio ni fin; infinito. El círculo podría significar que has completado un ciclo o has llegado a una totalidad de cuerpo, mente y espíritu. Si se presenta como un carrusel o un movimiento en círculos, indica que no estás avanzando en tu vida y en tus lecciones; literalmente, estás dando vueltas en círculo.

CIRCUNCISIÓN. Cortar y desechar una parte vital de ti mismo; desconectar de tu propio poder, de tu sexualidad, tus sentimientos o tus emociones.

CIRUGÍA. Cortar las partes de uno mismo que no son sanas y que ya no necesitamos ni para sanar. Fíjate en qué centro de energía necesita sanación.

CIRUGÍA PLÁSTICA. Reconstrucción de tu autoestima, o buscar amor y autoestima en fuentes externas.

CISNE. Belleza, gracia, pureza; capacidad de deslizarse sobre las aguas emocionales y de elevarse también a nuevas alturas. Percepción, libertad, serenidad del alma. Controlar las emociones. Si es un cisne negro, es el misterio de lo desconocido; atractivo, pero todavía no comprendido.

CIUDAD. Intensa red de personas o partes del ser; estás siendo obligado a comunicarte y cooperar. Una necesidad de comunidad y de trabajar juntos, de conectar con los demás. Energía intensa; necesidad de equilibrio y de tomarte tu tiempo para oler el aroma de las rosas.

CLASE. Aprender una nueva lección. Tomar un determinado curso sobre la vida. Véase *escuela*.

CLAVO. Dar un martillazo a un clavo significa que tu percepción es correcta, que vas en la dirección correcta.

COBARDE. Miedo a verte tal como eres, a manifestar tus objetivos, a continuar creciendo. Los miedos te están impidiendo atreverte a ser tú mismo.

COBAYA. Aprender abordando los problemas, experimentando y corriendo riesgos. Símbolo positivo que significa que uno aprende como debe, o como no debe, hacer algo.

COBRA. El poder del kundalini (fuerza vital o energía creativa) está ascendiendo por los centros de energía o chakras. Despertar al poder interior. Véase *serpiente*.

COBRE. Conductor de calor, energía, fuerza vital. Belleza, fortaleza, flexibilidad, salud.

COCINA. Véase *casa*.

COCINERO. Mezclar los diversos ingredientes de tu vida; observa cuáles son y cómo estás procediendo. Si algo se está quemando, significa que estás trabajando bajo demasiada presión. Tramando travesuras. También, realmente te estás preparando, avanzando, lleno de ideas y de acción.

CÓDIGO POSTAL. Dirección, identidad, anclaje. Ubicación u orientación. Suma los números para obtener el significado. Véase *números*.

CODO. Apoyo, flexibilidad; esencial para dar y recibir energía. Véase *cuerpo*.

COFRE. Un lugar donde se guarda u oculta un tesoro. Ideas, actitudes o sistemas de creencias que aún no han salido a la luz. Si se trata del cuerpo, es el chakra del corazón, el centro de Dios o el amor en tu interior.

COHETE. Crecimiento espiritual, potencial ilimitado. Si está despegando, estás elevándote a nuevas alturas de percepción; poder. Véase *avión*.

COJO/A. Condición o pensamientos que te están impidiendo avanzar a toda velocidad. Desequilibrio, pensamiento limitado. Véase *deformidad*.

COLA. Ser el último, estar al final de la cola. Seguir, pero no de una forma segura o entusiasta. Tu pasado, experiencias que has dejado atrás. Véase *espalda*.

COLCHA. Dependiendo del contexto, puede indicar protección u ocultarse de uno mismo y de los demás.

COLEGIO MAYOR. Muchas partes de ti mismo están yendo a la escuela, creciendo y aprendiendo. Las diversidades están siendo examinadas y, con suerte, serán integradas. También están ocurriendo demasiadas cosas en tu vida: personas, experiencias, energías dispersas.

COLGAR. Colgarte (ahorcarte) es destrucción por culpa y miedo; falta de expresión verbal, ahogar la energía en el chakra de la garganta, acumular demasiado estrés y tensión. Libera la negatividad, perdónate y perdona a los demás, y que siga el espectáculo. Si estás colgando ropa, esto representa tus inhibiciones.

COLINA. Oportunidad para el crecimiento espiritual.

COLISIÓN. Energía dispersa, falta de conciencia. Si se trata de la colisión de un vehículo, ello indica una interrupción en el rumbo; no es necesario hacerlo de la manera más difícil. Un automóvil representa la energía física; un barco, la emocional; un avión, la espiritual y creativa. Estás saboteando tus objetivos. Ponte en contacto con tu propósito; medita y planifica de acuerdo con él.

COLLAR. Adorno de belleza y creatividad interior. Véase *alhajas*.

COLMADO. Véanse *grandes almacenes, tienda, mercado*.

COLMENA. Uso organizado y productivo de la energía.

COLOR. Velocidad de vibración, armonía con tu campo energético. Los colores tienen distintas vibraciones y propiedades, y representan diferentes niveles de conciencia. Tú eliges vestir con colores que armonizan con tu campo de energía. Los diversos colores son:

> **Rojo:** energía.
>
> **Rosa:** amor.
>
> **Naranja:** energía, paz.
>
> **Amarillo:** paz.
>
> **Verde:** sanación, crecimiento.
>
> **Azul:** espiritualidad.
>
> **Turquesa:** sanación, espiritualidad.
>
> **Índigo:** espiritualidad, protección divina.
>
> **Violeta, morado, lavanda:** sabiduría, conocimiento, protección divina.

Gris: miedo.

Negro: lo desconocido, el inconsciente.

Blanco: verdad, pureza.

Marrón: anclarse en la tierra.

Dorado: Luz de Cristo, conciencia divina.

Plateado: protección espiritual, verdad.

Algunos colores también aparecen por separado en la lista general.

COLUMNA VERTEBRAL. Soporte; la parte más importante de la estructura física. Si es rígida o flexible, determina tu uso de la fuerza vital, fuerza de Dios, o energía kundalini que fluye por el cuerpo. La columna vertebral alberga el kundalini, los centros nerviosos, y es nuestra clave para el bienestar y la vitalidad. Si apareces sin columna vertebral, o si no tienes espinazo, no estás asumiendo la responsabilidad de ti mismo, defendiendo tus propias creencias. Véanse *cuerpo, kundalini, serpiente.*

COMBUSTIBLE. El cuerpo está necesitando energía. Si te has quedado sin gasolina, significa que te estás agotando. Si estás en una gasolinera, fíjate en el indicador de gasolina. Véanse *energía, electricidad.*

COMEDIA. No te tomes tan en serio. Recuerda que todo es un montaje para ayudarte a aprender tus lecciones. Alégrate: la risa sana.

COMER. Es necesaria la nutrición, ya sea mental, emocional, física o espiritual. Si en tu sueño aparece un alimento específico, podrías necesitarlo, o lo que representa. Véase *comida.*

COMETA (juguete). Libertad para elevarte por los aires; conciencia del poder espiritual. Conciencia infantil.

COMETA (astronómico). Poderosa liberación de energía que produce el crecimiento entre la población. Anuncio del crecimiento personal; un enorme potencial creativo; gran éxito. Despertar del uno mismo y de los demás.

COMICASTRO. No te tomes la vida tan en serio; haz un poco de comedia. Estás exagerando.

COMIDA. Nutrición del yo físico, mental, emocional o espiritual. Fíjate qué tipo de comida estás ingiriendo. Véase *comer*. También, alimento para el pensamiento, ideas.

CÓMODA. Véase *cajón*.

COMPACT DISC. Un sonido claro y armonizado que hace circular la energía y crea armonía.

COMPRAR. Véase *tienda*.

COMPROMISO MATRIMONIAL. Compromiso con uno mismo o con otra persona. Véase *acuerdo*.

COMUNA. Alejarte de la corriente de la sociedad y hacer las cosas a tu manera; trabajar con otras personas por un objetivo común.

CONCHA. Guardarse sentimientos dentro de uno mismo, retirarte a tu concha; estás cerrado emocionalmente. El crecimiento es imposible debido a la falta de actividad. Si es una concha abierta, indica cuidados emocionales. Cobertura, protección.

CONCURSO. Partes de ti que rivalizan por alguna recompensa.

CONDÓN. Véase *anticonceptivo*.

CONDUCIR. Conducir un vehículo es tener el control de la propia vida. Conducir y estar en el asiento del conductor es tener el control de tu vida. Fíjate cómo estás conduciendo y cuál es tu posición en el vehículo. Si no estás en el asiento del conductor, pregunta quién o qué está gobernando tu vida.

CONEJO. Saltar de una cosa a la otra sin una planificación; falta de conciencia en la creación de tu mundo. Abrazarse, calidez. Realizar una tarea a la velocidad de una liebre.

CONFERENCIA. Tanto si estás dando como si estás escuchando una conferencia, se trata de una enseñanza. Escucha y recuerda.

CONFESIÓN. Abrirte, aligerar tu carga, eliminar la negatividad emocional y mental. La absolución de pecados representa un reconocimiento de actitudes y comportamientos que son destructivos para el crecimiento. Perdonarse a uno mismo es la clave para vivir plenamente en el presente. Necesidad de expresión verbal, de hablar de las preocupaciones y compartir las cosas con los demás.

CONGELADO/A. Tu naturaleza emocional está cerrada, las energías están encerradas; inmovilización. Véase *hielo*.

CONSTRUCCIÓN. Estás en proceso de reconstruir quién eres y lo que eres.

CONSTRUIR, EDIFICIO. Construir es crear algo nuevo; expandir o realzar una parte de tu vida. Un edificio grande indica tremenda fuente de energía; sugiere grandes oportunidades, un enorme potencial y un gran destino por realizar.

CONTABLE. El yo independiente que se hace cargo de sus pensamientos, palabras y actos. Equilibrar; dar y recibir energía.

CONTAMINACIÓN. Necesidad de hacer una limpieza de pensamientos, palabras y actos.

CONTROL DE LA NATALIDAD. Véanse *anticonceptivo, nacimiento*.

CONVENIO. Pacto con Dios o contigo mismo. Compromiso con uno mismo o con otra persona.

CONVENTO. Reorganización o retiro espiritual. Necesidad de volverte hacia tu interior, explorar tu lado femenino e integrar las experiencias antes de aventurarte a nuevas lecciones. Esconderse de uno mismo, del crecimiento o de una vocación en el mundo. Esfuerzo por descubrir la parte espiritual del yo sin la comprensión que proporcionan las muchas y variadas experiencias de la vida. Cerrarse al crecimiento espiritual activo y creador. Véase *monasterio*.

CONVICTO. Véase *criminal*.

COPA. El corazón espiritual de uno mismo. Si está rebosando, estás en armonía con el amor divino; si está vacía, te estás separando de la energía del amor, de la fuerza vital interior.

CORAL. Belleza que proviene de las profundidades de las emociones.

CORÁN. Enseñanzas espirituales. Mensaje del yo superior.

CORAZÓN. Fuerza divina, Cristo interior; amor, emociones, sentimientos. Si estás cortando un corazón, indica la necesidad de abrir tus sentimientos, el amor; tener corazón. Si el corazón está apuñalado, estás perdiendo energía a través de la empatía con los demás, dejándote atrapar por sus experiencias; te están agotando emocionalmente. En lugar de permanecer en tu propio sufrimiento o en el de otra persona, pregunta siempre: ¿cuál es la lección positiva para el crecimiento? Observa cómo has creado la lección o la situación.

CORCHO. Alegría de espíritu; capacidad de elevarse por encima de las circunstancias, de los altibajos emocionales. Versatilidad, flexibilidad.

CORDEL. Estás engañando a alguien o alguien te está engañando.[3] Véase *cuerda*.

CORDERO. Calidez, amor, inocencia. Si lo están matando, significa sacrificar pensamientos, preferiblemente los negativos, para el yo superior. Es mejor dar regalos de alegría al yo superior que permanecer en el nivel de la culpa y el sacrificio. Véanse *sacrificio, animal, oveja*.

CORDÓN UMBILICAL. Cuerda de plata simbólica que conecta el cuerpo y el espíritu. Nutrir; uno nunca está separado o desconectado de la fuerza vital, del amor y la atención divinos. Conexión cósmica. También puede significar dependencia de una persona o sistema de creencias.

CORNAMENTA. Protección, firmeza; la poderosa parte masculina de uno mismo; un regalo de tu yo masculino.

---

3. Se trata de un juego de palabras. En inglés, *string* significa «cordel» o «hilo», pero el verbo *string along* significa «engañar». (*N. de la T.*)

CORO. Armonía espiritual; trabajar con otras personas para crear experiencias edificantes. Partes de uno mismo integradas y armoniosas.

CORONA. Una corona de oro o joyas significa alabanza; sigue adelante, buen trabajo. Puede simbolizar una iniciación a una conciencia superior. Una corona de espinas significa que estás trabajando las cosas, pero que todavía te queda mucho por hacer: intenta salir de tu tendencia a actuar como un mártir y examina las lecciones con mayor detenimiento.

CORREDOR DE BIENES RAÍCES (agente inmobiliario). Alguien que está buscando nuevas partes de sí mismo.

CORREO. Mensajes. Véase *carta*.

CORRER. Correr huyendo de algo significa que todavía no estás preparado o dispuesto a enfrentarte a una situación; huir de aspectos de ti mismo por temor. Si estás corriendo a cámara lenta, pronto tendrás que enfrentarte a tu miedo y no podrás posponerlo durante mucho más tiempo. Para comprender: detente, enfréntate a quien te persigue y pide entendimiento. Enfrentarte a un miedo lo disuelve y retira la pesada carga de la ansiedad de tu conciencia. Si corres hacia algo, esto indica que estás ansioso por iniciar un buen crecimiento y seguir adelante en tu camino. Véase *carrera*.

CORRIMIENTO DE TIERRAS. Todo está cayendo sobre ti; te sientes hundido. Retírate; estás intentando llevar demasiado peso y responsabilidad. Estás arriesgándote a tener una sobrecarga emocional. Detente y cuida de ti. Véase *avalancha*.

CORTAR. Dependiendo del contexto, puede significar cortar partes viejas de creencias sobre uno mismo, actitudes o programas que ya no son necesarios. Si estás sangrando por un corte, estás perdiendo energía. Véase *tijeras, cuchillo*.

CORTINA. Unas cortinas cerradas significa que uno se está escondiendo, cerrándose a uno mismo y a los demás. Unas cortinas abiertas indican una oportunidad para crecer, viendo más allá de la situación actual. Si caen sobre algo, ello sugiere que estás ocultando aspectos del yo.

CORTINAJE. Cerrarte u ocultar una parte de ti. Véase *cortinas*.

COSECHA. Culminación de un trabajo que has hecho en ti. Lo que siembres, recogerás. Véase *jardín*.

COSECHAR. Véanse *jardín, cosecha*.

COSMÉTICOS. Realzar tu imagen para reforzar la seguridad en ti mismo. También, ocultarte de tu propio yo verdadero, no ver la belleza interior. Si llevas mucho maquillaje, significa que no estás reconociendo tu valor interior, que te estás degradando, concentrándote en el exterior en lugar de en los valores interiores.

COSTAL. Como contenedor, sugiere ocultar, esconder. Eliminación, mediante la conquista, de partes de uno mismo no deseadas.

COSTE. ¿Cuánto estás dispuesto a pagar por tu felicidad y tu crecimiento en la vida? Esto requiere autodisciplina y ser responsable de uno mismo. Véase *números*.

COSTURA. Vincular. Unidad. Descoserse: las cosas están yendo mal; energía dispersa. Véanse también *coser, aguja*.

CRÁTER. Un viejo recuerdo de una experiencia explosiva. Una apertura al inconsciente.

CRÉDITO. Has hecho algo bien y te va a llegar una bonificación. Acuerdo de responsabilidades.

CREMA. Riqueza, oportunidad; cuidados. Si es una loción, protección para el cuerpo.

CREMALLERA. Cerrar o abrir las cosas.

CRESA. Véase *pudrición*.

CRESTA. Como cresta de una ola, indica un cambio emocional, o sentirte que estás por encima de todo.

CRIADA (sirvienta). Mímate más, cuida más de ti y de tu entorno. Si dependes demasiado de los demás para satisfacer tus necesidades, regresa a ti mismo y atiende tus propias necesidades. No seas dependiente. También indica la necesidad de hacer una limpieza general de actitudes personales y del funcionamiento diario.

CRIAR (a un bebé). Cuidar y alimentar a una nueva parte de ti mismo con amor. Véase *amamantar.*

CRIMINAL. Engañarse a uno mismo y limitar su propio potencial. Hacer tus propias reglas por miedo, en lugar de seguir una fuente interior de orientación y armonización creativa.

CRISTAL. Conductor de energía y mina.

CRISTO. Dios en tu interior. El centro del corazón o la energía del amor en tu interior. Maestro.

CRÍTICO/A. Autodisciplina; si se utiliza mal, puede bloquear la realización de tu mayor bien por temor a la censura y a cometer un error. La conciencia limitada del ser humano no te otorga la sabiduría necesaria para juzgarte a ti mismo, ni para juzgar a los demás.

CRUCE DE CAMINOS. Una elección respecto a la dirección que pronto tomarás. Si se te muestra una carretera que se bifurca, el camino de la derecha es el de la intuición y la creatividad, y el de la izquierda es el del intelecto. (Consejo: toma el de la derecha.)

CRUCERO. Viaje emocional. Se trata de un gran barco, de modo que eso quiere decir que realmente estás viajando emocionalmente por la vida, ¡sin problemas!

CRUCIFIXIÓN. Un castigo inmerecido a ti mismo. La falta de amor a ti mismo tiene como consecuencia la necesidad de desnudar el alma, de crucificarte. «Sufrir por el Señor» es una programación trágica. Si esperas que la vida sea difícil, lo será. Lo único que hay que crucificar o eliminar es la negatividad y la limitación.

CRUZ. Originalmente, un símbolo místico para el hombre, cuyo significado era el equilibrio perfecto. El punto de intersección estaba centrado, representando el chakra del corazón, abierto, con tres chakras arriba y tres abajo.

CUADERNO. Registro de necesidades y deseos; notas para uno mismo. Véanse *libro, diario*.

CUADRADO. Encerrado; demasiado cuadrado, controlado. Equilibrio en las asociaciones. Véase el número cuatro en *números*. Equilibrio de los elementos: tierra, aire, fuego y agua.

CUARENTA. Número místico que significa el tiempo que se necesita para recargar totalmente el cuerpo. Período de descanso, relajación, limpieza y purificación.

CUARZO. Véase *cristal*.

CUBIERTA. Extensión de ti mismo, como en el caso de la cubierta de una casa. Parte de uno mismo expuesta a los demás.

CUBRECAMA. Véase *colcha*.

CUCHARA. Utensilio para la alimentación, pero una cucharada no es gran cosa para tu sustento. Haber nacido con una cuchara de plata en la boca; gran energía, protección, abundancia.

CUCHILLO. Herramienta poderosa que puede ser utilizada de una forma creativa o destructiva. Corta las partes innecesarias de uno mismo, como cuando se poda un árbol. Si te están cortando con un cuchillo, esto podría sugerir una operación en la que te extraen una parte que no está sana, o eliminar partes de ti que todavía son necesarias para el crecimiento y el desarrollo. Si te están persiguiendo o tú estás persiguiendo a alguien con un cuchillo, esto significa miedo, agresividad, o pérdida de energía. Si estás sangrando. Véanse *sangre, matar*.

CUELLO. Sacar el cuello, correr un riesgo. Chakra de la garganta o quinto chakra. Véase *garganta*.

CUENCO. Recipiente para nutrir al yo. Véase *copa*.

CUENTAS. Necesidad de concentrarte en tu interior. Véase *arte*.

CUERDA. Poder del kundalini o fuerza vital. Las hebras de la cuerda representan al ser físico, mental y espiritual entrelazado que se fortalece cada vez que uno medita. Cuerda salvavidas. Si estás atado con una cuerda, estás separando el área amarrada. Libérate redirigiendo la energía vital hacia el pensamiento creativo y la expresión positiva de ti mismo.

CUERNO. Advertencia; ten cuidado, estate alerta. Como instrumento musical, significa que debes prestar atención, ver lo que está ocurriendo.

CUERO. Resistencia, fuerza; naturaleza instintiva.

CUERO CABELLUDO. Humorísticamente, significa que tienes que dejar de pensar tanto. Masajearlo estimula los centros nerviosos para el crecimiento y nos relaja durante el proceso.

CUERPO. Tu templo, tu traje terrestre, la expresión de ti mismo en un mundo espaciotemporal. Un cuerpo masculino o femenino representa ese lado particular de ti; el cuerpo de un niño es el aspecto lúdico, intuitivo de ti mismo. Vehículo para aprender lecciones mientras estás en el plano terrestre, de modo que es importante para mantener el cuerpo sano y fuerte. Véanse las distintas partes del cuerpo.

CUERVO. Miedo a lo desconocido. Vuelo hacia partes desconocidas de ti mismo. Véase *ave*.

CUEVA. La mente inconsciente; partes inexploradas de ti mismo. Hay grandes tesoros en tu interior mientras continúas con la aventura del descubrimiento de ti mismo.

CUIDAR UN BEBÉ. Presta más atención a tu niño interior. Aliméntalo y cuida de él.

CULTIVO. Recoges lo que siembras. Representa el crecimiento que proviene del amor a uno mismo y los cuidados. Si se trata de una cosecha pequeña en tus campos, has sido negligente en la utilización de talentos y habilidades; has tenido poco aprecio y amor a ti mismo.

CULTO. Grupo de personas o partes de uno mismo que siguen sistemas de creencias sin cuestionarlos. Alejarse de las oportunidades por creer en la verdad de otra persona. Finalmente, uno debe avanzar más allá de los sistemas: atrévete a ser tú mismo.

CUMPLEAÑOS. Celebración de que una nueva parte de ti está cobrando vida. Un nuevo nacimiento.

CUNA. Cuidar de una nueva parte del yo; necesidad de amor y cuidados.

CUPIDO. Crecimiento en las relaciones amorosas; correr un riesgo. Es un símbolo bueno y que se explica a sí mismo.

CUTIS. Reflejo del yo interior; cómo te muestras ante los demás y ante ti; cómo te ves.

D

DADOS. Lo que estás considerando es un juego, de modo que piensa en las consecuencias antes de actuar. Mira el contexto del sueño para ver el nivel de sentimiento.

DAGA. Véase *cuchillo*.

DAÑO. Un daño emocional representa una verdad que se está mostrando y que tú no eres capaz de aceptar en esos momentos. Ilusiones que se desmoronan. Siempre eres responsable de ti; ninguna otra persona puede hacerte daño. Una lesión física significa limitación; si está sangrando, eso representa una pérdida de energía. Véase *dolor*.

DARDO. Lanzar dardos sugiere pensamientos y palabras afilados y dañinos; comentarios mordaces. También, apuntar a un objetivo o una meta.

DÉBIL. Entregar tu poder a los demás. Negativa a reconocer el propio potencial y la valía personal.

DEDO (de la mano). Señala una dirección para que tú la sigas. Está apuntando a un problema. Un dedo acusador que señala a otra persona significa que en realidad la culpa es tuya; acepta tu propia responsabilidad.

110

DEDO (del pie). Ayuda al equilibrio. Estás empezando a tener un punto de apoyo, a tener dominio de lo que está ocurriendo en tu vida, a comprender la situación. Un dedo del pie grande podría representar la glándula pituitaria. Véase *pie.*

DEFECAR. Una limpieza, una purificación y una liberación necesarias para asegurar el equilibrio y el bienestar. Soltar los pensamientos, experiencias e ideas innecesarios.

DEFECTO. Imperfección o programa destructivo dentro de uno mismo, como un defecto en una tela. Corrige tu forma de actuar.

DEFORMIDAD. Una parte de ti que has descuidado o que no has permitido crecer hacia una expresión total. Miedo al desarrollo y al crecimiento.

DELFÍN. Parte del yo que es poderosa, juguetona, emocional y hermosa. Si pudiésemos aprender a jugar en las aguas emocionales de la vida, jamás tendríamos miedo de las relaciones y de amar.

DELGADO/A. Endeble, carente de fuerza y resistencia. También, ágil, ligero, con poder espiritual.

DEMENTE. Disociación de la realidad; incapacidad de distinguir. Véase *loco/a.*

DEMONIO. Véase *diablo.*

DENTISTA. Limpiar tu expresión verbal. Miedo al dolor y a no tener control.

DEPORTE. Tu nivel de deportividad en la vida; cómo juegas el partido, actuando por encima del hecho de ganar o perder, siendo un buen o un mal perdedor. Reírte del amor, jugar con él, en lugar de mejorar tu actuación y crecer en las relaciones. Un deporte concreto podría reflejar la necesidad de hacer ejercicio y de autodisciplina.

DEPÓSITO. Lugar de almacenamiento. Ideas, actitudes y creencias que todavía no hemos decidido integrar en nosotros mismos, ni tampoco soltar. Podría representar una «pauta de contención»; que no estás avanzando ni retrocediendo. Examina lo que necesita ser reevaluado y eliminado.

DEPÓSITO DE CADÁVERES. Representa esos aspectos de ti mismo que han muerto o que ya no son necesarios para el crecimiento. Si estás en un depósito de cadáveres, significa que no estás creciendo o que no estás utilizando tus talentos.

DEPRESIÓN. Poca energía. Incapacidad de ver relaciones de causa y efecto, cómo estás creando tu situación. Medita y aclárate.

DERECHA. El lado derecho de cualquier cosa indica dar. Creatividad, intuición, conciencia de Dios. Ir en la dirección correcta; tienes razón.

DERIVA, A LA. Falta de objetivos, dirección, propósito. El yo emocional necesita anclarse, amar y tomar un rumbo. Medita para acumular energía, determinar la dirección y aceptar tu propia responsabilidad.

DERRAMAR. Falta de conciencia; energía dispersa, no estás prestando atención.

DERRETIR. Apertura de recursos emocionales, sentimientos; despertar a una nueva comprensión. También, perder el sentido del yo al hacerte responsable de las emociones de los demás.

DERROTA. Es el resultado de empujar en la dirección errónea, o de la forma equivocada. Algo que no es lo que más te conviene. Una puerta se cierra, simplemente para que explores otra mejor. El fracaso o la derrota no existen, sólo hay oportunidades para aprender y crecer. Pregunta cuál es la lección positiva en cada experiencia; apréndela y sigue adelante.

DERRUMBAMIENTO. Minar el yo físico, mental, emocional o espiritual. Presta atención y repara o cambia cualquier cosa que lo requiera.

DESAGÜE. Liberar emociones. También, observa cómo podrías estar entregando tu poder, o perdiendo tu energía. Depende del contexto del sueño.

DESASTRE. Un cambio rápido, repentino, llegará a tu vida. Véanse desastres específicos para ver la naturaleza del cambio: ventisca, inundación, terremoto, etc.

DESCONOCIDO/A. Un aspecto de ti con el que todavía no estás familiarizado.

DESCUBRIMIENTO. Nueva apertura en la conciencia.

DESEMPLEADO/A. No estás usando tus talentos o habilidades debido a una mala imagen de ti mismo o a la pereza. Falta de autodisciplina. Estás desconectado de tu poder creativo. Poca energía. Medita, aumenta tu energía; entra en contacto con tu propósito en la vida.

DESENMARAÑAR. Descubrir, desenredar; resolver un problema.

DESFILE. Muchos aspectos de ti mismo; con algunos fantaseas y con otros interpretas el papel; todos son creados por ti.

DESHELAR. Véase *derretir*.

DESIERTO. Estancamiento; no hay crecimiento. Es el momento de seguir adelante con tu vida.

DESLIZAR. Deslizarse hacia abajo es ir en la dirección equivocada, a menos que se haga como un juego. Un deslizamiento de tierra o de nieve significa que las cosas se están derrumbando sobre ti.

DESNUDO/A. Totalmente abierto y expuesto, sin ocultar quién o qué eres. Buena simbología.

DESORDEN. Desorganización, confusión de ideas, incertidumbre. Pensamiento desordenado. Establece prioridades, organízate, medita. Véase *basura*.

DESPERDICIOS. Basura emocional que llevas a cuestas. Haz limpieza, arregla las cosas. Es mejor eliminar, y no guardar, los desperdicios sobrantes.

DESPIDO. Si te despiden en un sueño, esto podría indicar la muerte de lo viejo o entregar tu poder a los demás.

DESPIERTO. Soñar que estás despierto, y consciente de que estás soñando, es conseguir tener un nivel de control del estado del sueño superior. Nueva percepción, conciencia. Véase *sueño*.

DESPLAZAMIENTO. Exploración de ti mismo; descubrir nuevos aspectos de uno mismo a través de experiencias vitales. El proceso de la vida, desde el nacimiento hasta la muerte.

DESVÁN. La parte creativa o espiritual de ti mismo. Aprovechar tu mayor potencial. Perspectiva.

DESVESTIRSE. Exponer tus verdaderos sentimientos o ideas; no esconderte de ti mismo o de los demás. Véase *desnudo*.

DETECTIVE. Buscar respuestas y revelaciones.

DEUDA. Lo que siembres, recogerás, tanto si te parece un karma positivo como si te parece negativo. Algo que debes o que te deben.

DÍA. El día sugiere que hay suficiente luz o energía para ver con claridad; las cosas se muestran ante ti, pero tú debes elegir verlas. Si se trata de un día de la semana. Véase *alfabeto* para hallar un significado adicional.

DIABLO. El aspecto inferior e ignorante de ti que te tienta a no aceptar tu propia responsabilidad, a culpar a los demás, a dejar todo para el último momento, a insistir en los pensamientos y actos negativos.

DIAL. La capacidad de trascender niveles de energía, de sintonizar con diferentes frecuencias o pensamientos con control.

DIAMANTE. Las diversas facetas del alma pura o el yo puro. Cada experiencia de aprendizaje, especialmente cada ciclo de siete años, te permite sacar brillo a otra faceta, o pulirla.

DIARIO (de sueños). Cómo ves tu vida a través de tu propia percepción consciente; secretos, deseos. Un diario de sueños indica que estás viendo tu vida a través de los ojos del alma o de la conciencia superior.

DIARIO (personal). Libro en el que uno anota diariamente sus experiencias, como si se tratase de una carta que uno se escribe a sí mismo. Las situaciones y pensamientos anotados pueden usarse como lecciones para el crecimiento, o pueden ser pasados por alto, dependiendo de la conciencia.

DIARREA. Liberación incontrolable, antinatural, de pensamientos negativos o miedos. Eliminar desperdicios que te has estado negando a soltar: pero ahora no tienes elección.

DIBUJAR. Proyectar tu rumbo; planear, crear.

DICCIONARIO. Búsqueda de conocimiento; comprensión de los procesos mentales.

DIENTES. Triturar, romper algo en pequeños trozos para poder digerirlo; iniciar el proceso de comprensión. Fuerza, intención; hincar el diente en tu posición. Discusión. Necesidad de expresarte verbalmente. Si los dientes se te están cayendo, eres incapaz de comprender un problema o una situación; algo es demasiado difícil de digerir.

DIETA. Buscar el equilibrio en los hábitos alimenticios; necesidad de establecer un equilibrio en la nutrición espiritual, emocional, física y mental. Las dietas duras o rígidas reflejan que uno se está castigando a sí mismo. La moderación es la clave.

DINAMITA. Advertencia, peligro. Examina cuidadosamente lo que has estado reprimiendo. Ábrete, exprésate verbalmente, enfréntate a los miedos y a las emociones ahora. Si es necesario, busca ayuda.

DINERO. Si se trata de calderilla o de monedas, significa que están llegando cambios a tu vida; si son billetes, serán grandes cambios. Fíjate en cualquier número que aparezca y busca su significado.

DINOSAURIO. Parte antigua de ti mismo; puede usarse de una forma creativa o destructiva.

DIOS. Amor, luz, verdad, poder creador; sabiduría, unidad, infinito. El yo superior, el maestro en todas las cosas y en todas las personas.

DIPLOMA. Iniciación, graduación, un trabajo bien hecho.

DIRECTOR. Maestro o yo superior que te está guiando.

DIRECTOR DE ORQUESTA. Yo superior. Planear, dirigir, conducir el nivel de conciencia.

DISCIPLINA. El yo en su papel de estudiante de la vida; todos somos discípulos, todos estamos aprendiendo. Un discípulo específico representa un guía o un maestro superior.

DISCO. Estás oyendo las mismas viejas canciones, los viejos programas, dando vueltas y vueltas. No estás haciendo ningún progreso; pareces un disco rallado. Examina tus temas, medita y eleva la conciencia para que puedas oír tu música interior.

DISCURSO. Si estás dando o escuchando un discurso, te están transmitiendo un mensaje, unas enseñanzas, que son útiles para tu vida. Expresión verbal, comunicación: exprésate.

DISCUSIÓN. Lucha con partes de uno mismo: paradojas, conflictos, confusión. El yo mental discute con el yo intuitivo. Te aferras a viejas pautas de pensamiento que debes dejar ir para poder avanzar y asegurarte un crecimiento interior armonioso. La resolución llega al centrarte interiormente, meditar y recurrir a un nivel de conciencia y comprensión más elevado.

DISEÑO. Símbolo, anteproyecto o dibujo que sugiere un plan o una dirección en la vida. Puede significar que debes empezar a examinar tu plan de vida, el gran diseño o la imagen general. Da un paso hacia tu objetivo.

DISPARAR. Disparar a alguien o que te disparen es dañar o eliminar aspectos del yo. Disparar a un blanco es tener un objetivo. Véanse *matar, cazar*.

DIVORCIO. Partir algo en dos; separar una parte de nosotros mismos que ya no nos proporciona un crecimiento positivo. Comprender y dejar ir: algo necesario para que haya un nuevo comienzo.

DOLOR. Represión; evadir un problema. Desarmonía en el yo físico, mental, emocional o espiritual. Fíjate en qué parte del cuerpo está localizado, a qué chakra corresponde, para determinar el problema. Véase *enfermedad*.

DOMESTICAR. Aceptación de partes de uno mismo que antes eran rechazadas; armonía, paz interior.

DOMINGO. Descanso, armonización, rejuvenecimiento espiritual. El número 1, como el primer día de la semana. Véase *números*.

DORMIR. Falta de conciencia. No estar dispuesto a ver o cambiar nada. Estancamiento. ¡Despierta! También, si sueñas que te vas a dormir en la cama. Véase *cama*.

DRAGÓN. Poder del kundalini. El fuego del dragón purifica el pensamiento negativo, hace que se desvanezca la ilusión. Matar al dragón significa enfrentarse a los miedos y eliminarlos, permitiéndote despertar un nivel de conciencia superior.

DROGAS. En un sentido positivo (medicamentos), se utilizan para equilibrar o corregir la desarmonía dentro del cuerpo. También indica un escape para no enfrentarse a la vida, insensibilizándose a las condiciones externas; buscar respuestas fuera, en lugar de hacerlo dentro de uno mismo. Buscar la iluminación por medio de recursos que no son naturales.

DUCHA. Limpieza emocional; compórtate de forma responsable. Deja que la negatividad se vaya por el desagüe.

DUENDE. La parte de ti que es traviesa, divertida, necesaria para el disfrute y el entretenimiento.

DULCES. La dulzura de la vida; qué dulce es. Necesidad de energía, un tentempié rápido. Darte un gusto. También, una herramienta de manipulación: no podrás tomar postre hasta que hayas comido la verdura.

E

ECO. Efecto búmeran; el yo que se encuentra con el yo. Lo que das regresa a ti. Karma. También, vacío.

EDREDÓN. Cobertura, protección, ocultarse; creatividad. Dependiendo del contexto, también puede significar calidez, descanso.

EJECUCIÓN. Véase *muerte*.

EJERCICIO. Integración de cuerpo, mente y espíritu. Necesidad de desarrollar y concentrar tus energías físicas. Relajación, concentración. Sal del intelecto y juega.

EJÉRCITO. Necesidad de autodisciplina física para adquirir conocimientos. Véanse *militar, guerra*.

ELÁSTICO. Flexibilidad. También, alargar, dispersar los esfuerzos en demasía.

ELECTRICIDAD. La fuerza vital; velocidad de vibración o frecuencia. Eres un ser eléctrico. Se necesita energía para el crecimiento, la claridad. Véase *energía*.

ELEFANTE. Parte poderosa de ti mismo que puede ser amable, servicial o destructiva. Es destructiva únicamente cuando está asustada, de modo que si el elefante está enfadado, examina cuáles son los miedos. También, guardar las lecciones positivas para el crecimiento y olvidar la escoria negativa de la experiencia. No tienes que recordar todas las cosas, a pesar de que el elefante nunca olvida.

EMBAJADOR. Orientación, un maestro; la parte de ti al que puedes invocar inmediatamente para resolver un problema, para ver las cosas más claras.

EMBALSE. Lugar de almacenamiento de sentimientos, ideas, actitudes y emociones.

EMBARAZADA. Algo nuevo está cobrando vida; estás a punto de dar a luz una nueva dirección, un nuevo plan o una nueva percepción superior. Si quieres quedarte embarazada físicamente, éste podría ser un mensaje de tu yo interior, comunicándote que has concebido.

EMBARCADERO. Región segura emocionalmente. Puedes permanecer ahí durante un tiempo para descansar y reorganizarte, evitar los altibajos de la agitación emocional. También, puedes evaluar la escena emocional (las aguas) y conseguir tener perspectiva. Véase *puerto*.

EMERGENCIA. ¡Despierta! ¡Presta atención! Ésta es una lección importante. Pide ayuda.

EMPLEO. Lo que debe hacerse ahora. Un escalón hacia el crecimiento y el aprendizaje. Tarea que debes realizar ahora para desarrollar herramientas específicas de comprensión. Cómo ves tu trabajo o tu empleo: faena monótona o desafío, dura o satisfactoria; tu percepción de tu trabajo actual o de tu actitud en la vida. Sé fiel a ti mismo; conocerte es alinearte con el empleo más satisfactorio o con la expresión más creativa posibles.

ENANO. Ideas imprudentes. Limitar tu potencial; no expandirte hacia nuevas áreas de crecimiento. No ver las cosas desde la perspectiva correcta.

ENCENDIDO. Conmutador de electricidad. Enciéndelo para avanzar y crecer.

ENCHUFE. Enchúfate para obtener más energía. La meditación es tu herramienta para recargar tus baterías.

ENCÍAS. Expresarse verbalmente. Véase *dientes*.

ENCOGER. Algo está perdiendo importancia, poder. Imagen rebajada de uno mismo. Eliminar el peso de los miedos, las preocupaciones, encogiéndolos.

ENCONTRAR. Descubrir algo nuevo en tu interior. Véase *descubrimiento*.

ENCUESTA. Véase *entrevista*.

ENEMA. Limpieza, purificación. Liberar las emociones reprimidas, la negatividad.

ENEMIGO. Aspectos desconocidos de uno mismo, aquellos que tememos porque no los comprendemos. Estás en guerra con el yo: ofrece tu amistad a todas las partes de tu ser mediante el amor, para que los puntos más débiles se conviertan en los puntos más fuertes. Véase *miedo*.

ENERGÍA. Vivimos, nos movemos y tenemos a nuestro ser dentro de un mar de energía cósmica. Siempre estamos expandiendo o contrayendo nuestros campos energéticos mediante nuestros pensamientos, nuestras palabras y nuestros actos. Los niveles físico, mental y espiritual del yo son vibraciones de energía variables. La energía es la sustancia de nuestros cuerpos y el combustible que éstos necesitan para crecer. La energía es la clave para la sanación, la comprensión, la percepción y la conciencia espiritual. La meditación recarga el campo energético, manteniendo su fuerza y su estado de expansión.

ENFADO. Frustración, dolor, desilusión en ti mismo debido a emociones y necesidades no expresadas. Siempre estás enfadado contigo mismo, aunque grites a los demás. Proyectas la inseguridad, el miedo y los programas negativos en otras personas porque te niegas a reconocer que la fuente del problema está dentro de ti. El enfado puede usarse de forma positiva o negativa: para ver las áreas en que tienes que trabajar en ti o para evadir la responsabilidad y culpar a otro.

ENFERMEDAD. Desarmonía; represión de emociones que deben ser liberadas para que la curación pueda tener lugar. Estrés y tensión en la vida física, mental, emocional o espiritual.

ENFERMEDAD VENÉREA. Desarmonía y entendimiento erróneo de la energía sexual. Miedo a la sexualidad. Mal uso de la energía sexual; desequilibrio.

ENFERMERO/A. Habilidad para sanar, necesidad de cuidados y cariño. Dependiendo de si se trata de un enfermero o una enfermera, podría sugerir la necesidad de desarrollar las propias cualidades masculinas o femeninas.

ENFERMO/A. Deshacerse de las toxinas en el cuerpo; poca energía. Si estás vomitando, ello indica de debes expresarte verbalmente, sacar las cosas fuera. Véase *enfermedad*.

ENGAÑAR. Tratar de salirte con la tuya en lugar de ser honesto contigo mismo.

ENREDO. Falta de claridad sobre un problema; confusión; confusión de ideas y actitudes. Soluciona el verdadero problema; concéntrate, medita, aumenta la energía para comprender. Véase *laberinto*.

ENTIERRO. Muerte de las viejas emociones y actitudes que ya no necesitas para tu mayor crecimiento. La muerte del miedo y la inseguridad. También indica que te estás escondiendo de la vida, enterrando la vitalidad, las emociones y la sensibilidad. Véase *muerte*.

ENTRETEJER. Unir muchas experiencias de la vida en una totalidad, algo completo. Mezclar esfuerzo, percepción y dirección para crear la vida que tú quieres. Véase *tapiz*.

ENTREVISTA. Averiguar más acerca de partes de uno mismo; aprender a integrar aspectos separados de la conciencia.

ENTUMECIDO. Cortar el sentimiento por miedo. Pregunta qué miedo está provocando tu retraimiento.

EPILEPSIA. Represión emocional. Véase *explosión*.

EQUIPAJE. Viajes, programas o formas de pensamiento innecesarios que llevas contigo para definir quién eres. Exceso de trivialidades y amontonamiento. El equipaje, que a menudo se muestra de una forma humorística, significa dificultar algo que en realidad es bastante fácil.

EQUIPO. Todas las partes de ti deben trabajar conjuntamente para ir a la delantera en el juego de la vida.

ERMITAÑO. Poca energía; estar encerrado en sí mismo. Necesidad de estar solo, de aumentar la energía. Sal de los programas limitadores.

ERÓTICO. Deseo de estimulación; fantasía, soñar despierto. Intensificación de la energía en el segundo chakra, el chakra sexual. Libido activa. Sé más consciente de las necesidades y los requerimientos de tu cuerpo.

ERUPCIÓN. Véase *explosión*.

ESCALAR. Si estás escalando hacia arriba, vas por buen camino; si estás escalando hacia abajo, vas en la dirección equivocada.

ESCALERA (portátil). Proceso de ascender, paso a paso, hasta la conciencia superior. Manera de llegar a nuevas alturas. Si estás descendiendo, quiere decir que vas por mal camino.

ESCALERA MECÁNICA. Una forma de viajar rápida y fácil, que te indica si vas en la dirección óptima y si estás haciendo las mejores elecciones. Si vas hacia arriba, vas en la dirección correcta. Si vas hacia abajo, estás en el camino equivocado.

ESCALERAS. Dirección en la vida. Fíjate en qué condiciones están las escaleras, si están desvencijadas o si son resistentes. Si subes por ellas, la dirección es correcta; si desciendes, la dirección es errónea. Si vas arriba y abajo, necesitas claridad; decídete y sigue adelante con tu vida.

ESCALONES. Véase *escaleras*.

ESCAPE. Huir de ti mismo. Si estás bloqueado y no te puedes mover, es que ya no puedes evitar intentar solucionar la situación o el problema. Escapar a cámara lenta significa que pronto tendrás que enfrentarte a tu miedo: recuerda que si te encaras a él, desaparecerá.

ESCARABAJO. El escarabajo representa la vida eterna, el despertar espiritual, tal como se utilizaba en el antiguo Egipto y en otras culturas.

ESCENARIO. El escenario de la vida. Cómo te presentas o te muestras ante los demás; creencias, actitudes, comportamiento. Los papeles pueden cambiar en cualquier momento. Tu actuación en el presente. Véase *actor*.

ESCLAVO. Estar fuera de control, no hacerse cargo de la propia vida, entregar el poder a otras personas. Puedes ser esclavo de creencias, hábitos, ideales, de las reacciones de los demás. Véase *adicto*.

ESCOBA. Limpia tus asuntos. Pon tu casa en orden y haz sitio para lo nuevo.

ESCOLLO. Barrera al crecimiento; advertencia. También, protección mientras nadas en aguas emocionales.

ESCONDERSE. Miedo a enfrentarte a las situaciones; no estás siendo sincero contigo mismo. Véase *ermitaño*.

ESCORPIÓN. Comentarios mordaces, pensamientos venenosos.

ESCRIBIR. Comunicación, expresión de uno mismo.

ESCRITOR. Eres el escritor del guión de tu vida. Puedes hacer que sea fácil o difícil.

ESCRITORIO. Problema en el que estás trabajando; estudio, exploración, descubrimiento de ti mismo.

ESCUDO. Protección. El escudo de luz blanca de amor puede ser utilizado en cualquier momento para desviar la negatividad, permitirte estar centrado y equilibrado. Otros escudos, como los mecanismos de defensa, sólo son medidas temporales.

ESCUELA. La vida es una escuela; estás aquí únicamente para aprender y crecer. Todas las personas y todas las situaciones te enseñan algo. Sé entusiasta; vas a pasar por ello de todos modos. Las lecciones nunca cambian hasta que uno las aprende, de modo que más te vale entrar y trabajar en ellas ahora. Cada noche sales de tu cuerpo y aprendes en escuelas que se encuentran en niveles superiores. Cada nivel de conciencia te enseña algo sobre la naturaleza del yo.

ESCUPIR. Liberar emociones hostiles, negativas; sacar las cosas fuera.

ESFINGE. Despertar místico que todavía no ha sido expresado; debe ser despertado en ti a través de la comprensión. Fría, dura, inexpresiva; falta de vida, quedarse de piedra.

ESLABÓN. Conexión, parte de un todo. Tú eres un eslabón en la cadena de la vida. Véase *cadena*.

ESMERALDA. Parte de ti mismo que es hermosa, majestuosa y sanadora. Durabilidad, fuerza.

ESNORQUEL. Claridad y percepción clara al ver las aguas emocionales de la vida.

ESPADA. Verdad, poder, símbolo de la espada de doble filo del karma: lo que siembres, recogerás. Honor, protección, búsqueda de la verdad. También, destrucción, combate. Véase *cuchillo*.

ESPALDA. La espalda humana alberga la columna vertebral, conductora del poder kundalini de la fuerza vital. El que la espalda esté recta o encorvada, sea débil o fuerte, indica cómo estás canalizando el poder espiritual a tu vida cotidiana. Fuerza de carácter o actitud en una determinada situación: sin columna, rota, fuerte. También indica algo que ahora está detrás de ti en tu vida; una parte de ti a la que le has dado la espalda. Podría significar respaldar.

ESPANTAPÁJAROS. Fachada falsa, engaño, miedo al yo interior y a los demás. Si el simbolismo es el del Mago de Oz, esto significa que tienes poca confianza en tu capacidad intelectual. Busca en tu interior tus propios puntos fuertes y tus habilidades.

ESPEJISMO. Una creencia falsa sobre uno mismo o sobre los demás. Ego, ilusiones proyectadas.

ESPEJO. El yo se encuentra con el yo; ver el mundo a través de tus propios programas y actitudes. También podría significar que estás siendo crítico con los demás y, en lugar de eso, deberías examinarte a ti mismo.

ESPERAR. Hay una estación para cada cosa. Todavía no es el momento adecuado. También, indica que el miedo podría estar bloqueando tu percepción y la motivación para avanzar.

ESPERMA. Oportunidades para nuevos comienzos que podrían ser aceptadas o rechazadas. Si te estás masturbando, estás liberando energía, pero no la estás utilizando para crear algo nuevo. Véase *semen*.

ESPÍA. Intruso; alguien que vigila a otras personas en lugar de avanzar en su propio crecimiento, poniendo más energía en ver cómo vive la otra persona en lugar de entrar en contacto con su propia vida. Temeroso de cómo reaccionarán los demás a las ideas y planes propios. Un observador, no un hacedor.

ESPINA. Véase *astilla*.

ESPIRITISMO. Desviar el crecimiento al quedar atrapados en el nivel psíquico. Los fenómenos y contactar con los espíritus no te ayudan a tener una vida mejor.

ESPONJA. Absorberlo todo, tanto las energías positivas como las negativas; no tener el control. Recoger los problemas de los demás. También, absorber conocimientos. Muy receptivo, pero necesitas distinguir, equilibrar lo que absorbes. Utilizar la energía de otras personas, en lugar de generar la tuya.

ESPOSA. Parte femenina del yo. Véase *mujer*.

ESPOSAS. Limitar la expresión de uno mismo; no estar libre para avanzar.

ESQUELETO. Vacío; falta de vida espiritual. Esto no quiere decir que haya una verdadera muerte física, sino que no estás en contacto con los sentimientos, las emociones. Insatisfacción. Todo lo que queda es ilusión cuando estamos desconectados del yo espiritual. Forma sin función. Cuerpo sin espíritu.

ESQUEMA GRÁFICO. Anteproyecto de tus objetivos; plan para tu vida. Véase *mapa*.

ESQUÍ. Tiempo de recreo; libertad. También, traer equilibrio a tu vida. Estás avanzando a gran velocidad.

ESQUINA. Convergencia de energías; punto de cambio hacia una nueva dirección. Tener ventaja en una situación, como en la esquina de un mercado. Estar acorralado en una esquina significa que ahora es el momento de tomar una decisión para liberarte de una situación limitadora.

ESQUIZOFRENIA. Huida primaria del crecimiento personal; creer que es más fácil elegir deambular estando confundido y aturdido que asumir responsabilidades. Incapacidad de funcionar dentro o fuera del cuerpo debido a una falta de equilibrio, a la negativa a aceptar el poder personal. Falta de crecimiento; no puede haber ganancias, debido a la falta de deseo de funcionar y a la incapacidad de ver con claridad. Véase *demente*.

ESTABLO. Protección para nuestra fuente de poder. Véase *caballo*.

ESTACIÓN (ferroviaria). Un punto de parada y probablemente de transición en el viaje de la vida. Aquí puedes cambiar de destino o iniciar un nuevo viaje. Lugar de descanso para tener claridad y determinar los objetivos.

ESTACIÓN (del año). Cada estación del año tiene su propio significado especial en nuestro crecimiento. Cada año, las mismas lecciones nos esperan si no las aprendimos en la estación de crecimiento anterior. Además, representa el proceso natural de cambio, variación y progreso en nuestras vidas; todo tiene su propia estación:

> **Primavera.** Es el inicio de la estación de crecimiento. Recibimos lecciones prácticas sobre nuestras relaciones con nosotros mismos y con los demás.

> **Verano.** Es una época continuada de mucha energía y de aprendizaje rápido.

> **Otoño.** Trae una ralentización de la energía y cosechamos lo que hemos aprendido de nuestras lecciones.

> **Invierno.** Es un período de introspección espiritual, de clasificación y de preparación para la siguiente primavera de crecimiento.

ESTACIONAMIENTO. Podría significar que estás aparcado y necesitas ponerte de pie y en marcha. O que estás yendo demasiado rápido: detente y quédate a un lado durante un tiempo; reduce la velocidad. Reevalúa las cosas, vuelve a examinarlas. Véase *automóvil*.

ESTADIO. Gran capacidad para que todas las partes de ti se unan en un espíritu de equipo para la vida.

ESTADO. Suma las letras del estado en cuestión y consulta *alfabeto* y *números*.

ESTAMPILLAS. Expresar tu aprobación o tu rechazo a algún asunto.

ESTANCADO. No hay crecimiento. Véase *pozo negro*.

ESTANDARTE. Véase *bandera*.

ESTANTE. Una idea o dejar de lado momentáneamente algo que no es pertinente en tu vida ahora mismo.

ESTATUA. Hermosa en su forma y muerta en espíritu. Helada, sin vida.

ESTE. Fuente espiritual, despertar. Renacimiento, pues el sol sale por el este. Buscar en tu interior un rumbo espiritual.

ESTÉREO. Crear la mayor armonía y belleza posibles.

ESTERILIZAR. No hay crecimiento. Véase *antiséptico*.

ESTIÉRCOL. Dar un buen uso al pasado. Crecimiento fértil.

ESTÓMAGO. Barómetro emocional, como cuando no puedes digerir algo. La forma en que digieres las experiencias de la vida. Véase *cuerpo*.

ESTORNUDAR. Limpieza, liberar las emociones reprimidas.

ESTRANGULAR. Véanse *atragantarse/sofocarse*.

ESTRECHO. Camino limitado, restringido. Opciones reducidas. Puede significar una ruta más corta para alcanzar tu objetivo, y es necesaria la disciplina.

ESTRELLA. Luz, dirección, orientación, revelación. Inspiración de la percepción o visión espiritual. Energía poderosa; aporta un nivel de energía, claridad para actualizar los objetivos, como cuando pides un deseo a una estrella. Símbolo de tu propia luz interior que brilla en la oscuridad; eres un ser de luz o de energía. La verdad de tu ser.

ESTREÑIMIENTO. Represión emocional; aferrarse a ideas, actitudes y experiencias que ya no son necesarias para un funcionamiento equilibrado y saludable.

ESTUDIANTE. Aprender, estudiar a lo largo del camino de la vida. Véase *escuela.*

ESTUFA. Entusiasmarse con nuevas ideas. Idear, planear cosas.

ETIQUETA. Calificar o clasificar algo. Sugiere que ves el mundo a través de los ojos de la separación, en lugar de la unidad. Siente el significado más profundo y la conexión de las personas, cosas e ideas.

EUNUCO. Confusión de la identidad sexual. Represión de sentimientos sexuales. Véase *castrar.*

EX MARIDO, EX ESPOSA. Si es un hombre, es la parte asertiva de ti mismo. Si es una mujer, es la parte intuitiva, creativa del ser. Cualesquiera que sean las cualidades, características y lecciones que asocias a esa persona, podrías estar aprendiendo cosas sobre ellas otra vez. Presta atención.

EXCREMENTOS. Tu propia basura, tus desperdicios; actitudes y creencias innecesarias. Haz limpieza y deséchalos.

EXILIO. Cerrarte ante todas las personas y situaciones. Estás muy bajo de energía.

EXPERIMENTO. Hay alternativas en la vida: examina nuevos conceptos e ideas, ábrete a nuevas oportunidades. Prueba algo distinto. También puede querer decir que estás arriesgándote.

EXPERTO/A. Maestro; alguien que ha pasado por lecciones, está bien formado y te ofrece ayuda. Una parte de ti a la que puedes recurrir en busca de respuestas a tus problemas.

EXPLOSIÓN. Erupción de emociones negativas reprimidas. Es importante que te enfrentes a tus sentimientos de forma constructiva. Observa los daños y haz cambios. Expresa verbalmente las emociones, libéralas, a diario para evitar su acumulación.

EXTRACCIÓN. Retirarte de una situación. Si se trata de una extracción dental, indica sacar una parte poco saludable con la finalidad de establecer la armonía.

EXTRANJERO. Nueva parte de ti con la que todavía no estás familiarizado y que está cobrando vida. Si estás en un país extranjero y vestido como la gente que vive ahí, esto puede representar una vida anterior: las lecciones que estabas aprendiendo entonces están volviendo a aparecer en tus experiencias actuales.

EXTRAÑO. Una parte de nosotros mismos que hemos ignorado, rechazado o comprendido mal; un miedo que hemos evadido. Véase *extranjero*.

FÁBRICA DE ROPA. Lugar para crear nuevos roles.

F

FACHADA. Esconderse de uno mismo; máscara o caparazón que presentas al mundo. Identificación con valores externos en lugar de con recursos y fortalezas internos.

FACTURA. Pago kármico, que depende de si uno la recibe o la envía.

FAJA. Restricción; represión de energía en el segundo y tercer chakra. Buscar fuera en lugar de dentro para resolver los problemas.

FALSIFICACIÓN. Identificarse con el ego en lugar de hacerlo con el yo espiritual. Fingir que uno es algo que no es; culpar a los demás por creaciones creadas por uno mismo. Ocultar el verdadero yo por miedo. Véanse *máscara, fachada*.

FAMILIA. Integración de roles o aspectos de ti mismo. Normalmente todos los que aparecen retratados te representan a ti, aunque también podría estar mostrándote la dinámica de la relación de algún miembro de la familia en particular.

FAMOSO/A. La persona famosa que aparece en tu sueño representa a tu guía o tus maestros.

FANTASMA. Parte de ti que no comprendes. Si alguien que ha muerto físicamente aparece como un fantasma, esto podría indicar la incapacidad de comunicarse contigo claramente; o algunos de tus sentimientos hacia esta persona todavía no se han solidificado. Todos los seres son espíritus, tanto si están dentro del cuerpo como si no lo están, pero un fantasma normalmente sugiere una confusión o una percepción poco clara. Utilizado humorísticamente, significa que no hay ni el menor asomo de oportunidad.

FAX. Capacidad de comunicar ideas, necesidades y deseos inmediatamente.

FERRETERÍA. Herramientas para construir tu vida; habilidad para construir, reparar y arreglar. Los aspectos prácticos de la vida. Pegamento que lo mantiene todo unido. Herramientas para el conocimiento.

FERROCARRIL. Veáse *tren*.

FERRI. Véase *barco*.

FERTILIZANTE. La necesidad de más meditación y alimento espiritual para intensificar tu crecimiento. Una zona fertilizada sugiere que ya estás preparado para comprender, preparado para un nuevo período de aprendizaje y desarrollo.

FESTÍN. Gran celebración. Has hecho algo bien.

FIEBRE. Desarmonía en el ser físico, mental o espiritual. Emociones acaloradas que están saliendo a la superficie de formas poco sanas.

FIESTA. Iniciación, graduación, celebración. Has llegado a nuevas alturas, has aprendido bien. Tú y los demás estáis felices.

FINAL. Conclusión. Suelta lo viejo. Prepárate para un nuevo comienzo.

FIRMA. Individualidad, expresión de uno mismo. Busca el nombre bajo *alfabeto* y *números.*

FLAUTA. Júbilo espiritual; alegría, armonía, sentimientos y pensamientos melodiosos.

FLAUTISTA. Estás tocando y siguiendo tu propia canción, llevando a otras personas por el mismo camino. Asegúrate de que vas en la dirección correcta, poniendo énfasis en ser responsables de nosotros mismos. Si tú estás siguiendo al flautista, te estás dejando hipnotizar por una creencia, por algún aspecto de ti mismo, del ego, o de otra persona.

FLECHA. Aspiración; energía dirigida hacia una meta. Rumbo directo hacia una realización rápida y fácil.

FLOR. Una flor que se abre es señal de buen crecimiento, una dirección de belleza y satisfacción. La realización de un objetivo; una época de grandes logros. Apreciación. Véanse también *ramo*, *florecer* y flores individuales.

FLORECER. Trabajo bien hecho. Has sembrado y has recogido belleza; una hermosa expresión de ti mismo. Véanse *flor*, *ramo.*

FLORERO. Medio para el crecimiento. Mostrar tu belleza interior.

FLOTAR. Si estás en el agua, tienes la capacidad de estar por encima de tus emociones. Si estás flotando en el aire, estás en sintonía con tu yo espiritual.

FOOTING. Ejercicio; integración física/mental. También, escapar de examinarte a ti mismo y tus relaciones, tus responsabilidades, como cuando simplemente pasas de largo haciendo *footing* y no actúas seriamente para producir cambios.

FÓRMULA. La solución a un problema está a la mano. Desarrolla un plan para realizar tus objetivos. También, necesidad de organizar, planificar y tener claridad respecto a tu dirección en la vida.

FORTALEZA. Constructivamente, un lugar de protección y sanación; destructivamente, un lugar para esconderte y apartarte de la gente. Tienes la opción de entrar o salir.

FORÚNCULO. Venenos que hacen erupción desde el interior. Emociones reprimidas que salen en direcciones enfermizas. Véase *ampolla*.

FOSO. Bloqueo emocional, defenderse de los demás.

FOTOGRAFÍA. Cómo estás viendo las cosas en estos momentos. Una imagen para despertar un recuerdo del pasado, porque la lección por la que estás pasando ahora es una que no aprendiste en el pasado.

FRÁGIL. Gran belleza interior que todavía está en proceso de formación, que aún no está firme en la conciencia. Vulnerabilidad.

FRASCO. Véase *botella*.

FREGADERO. Si es el fregadero de una cocina, indica limpieza, lavado. Estás siendo demasiado poco concreto al considerar un problema, no estás recibiendo el mensaje, lo estás incluyendo todo.

FRENO. Punto de control. Cuidado: usa los frenos cuando sea necesario y reduce la velocidad; la falta de frenos significa que estás fuera de control, peligro. Detente, examina una determinada situación antes de seguir adelante; reduce la velocidad antes de continuar.

FRENTE. El ojo de la verdad. Podemos ver cómo lo hacen Dios y nuestros maestros si podemos mantenernos imparciales y en el tercer ojo.

FRÍGIDA. Temor a la dependencia emocional de otra persona; desconexión del cuerpo, bloqueo sexual.

FRÍO. Si alguien siente frío o tú sientes frío, debes calentar tus emociones y tus sentimientos; no te desconectes de la sensibilidad hacia ti mismo y hacia los demás.

FRUTA. Estás cosechando lo que has sembrado; un trabajo bien hecho. Resultados productivos del hecho de haberte enfrentado a los problemas y haberlos superado. Fruto de tus esfuerzos.

FUEGO. Kundalini o fuerza vital interior, albergada en la columna vertebral. Espíritu Santo. Purificación y limpieza de todos los sistemas de creencias para que puedas abrirte a un conocimiento superior. Véase *kundalini*.

FUEGOS ARTIFICIALES. Dependiendo del sueño, puede significar que es el momento de celebrar un trabajo bien hecho o que tu energía se está dispersando y está mal dirigida.

FUENTE. Vida, belleza espiritual; poderes edificantes, rejuvenecedores, sanadores.

FUERZA AÉREA. Necesidad de disciplina en tu práctica creativa y espiritual. Véase *militar*.

FUNERAL. Muerte de lo viejo. Véanse *muerte, entierro*.

FUSIBLE. Véase *combustible, energía*.

GAFAS. Echa otra mirada a la situación. Tienes una mejor visión y puedes ver con más claridad. Si llevas puestas las gafas de otra persona, quiere decir que no estás viendo con tu propio ojo interior de claridad.

G

GAFAS DE SOL. Proteger mi percepción para poder ver con mayor claridad.

GALARDÓN. Algo que te has ganado; percepción, crecimiento, habilidad. Lo has hecho bien, de modo que haz una pausa y apréciate. Elógiate por el buen trabajo realizado.

GALAXIA. Visión del yo expansivo. Experiencia interdimensional para despertarte a una conciencia intensificada de ti mismo como energía creadora.

GALLINA. Ser una mamá gallina, dominante, manipuladora, protectora. Véase *pollo*.

GALLO. Si canta, es una advertencia o una señal. Ego; agresividad; naturaleza masculina.

GANCHO. Engancharte a algo que puede ser, o no ser, beneficioso. Un anzuelo representa la necesidad de alimento espiritual. Un gancho para colgar cosas sugiere organización.

GARAJE. Lugar para descansar; seguridad. Tu vehículo debería estar aparcado en un garaje sólo temporalmente; de lo contrario, no estás siguiendo adelante con tu vida y aprendiendo lecciones.

GARGANTA. El chakra de la garganta es la fuente de expresión verbal y comunicación. Si te están estrangulando, estás bloqueando la expresión verbal, reprimiendo tus sentimientos. El dolor de garganta indica necesidad de equilibrio en la comunicación. Véase *cuello*.

GARRA. Celos, rabia, o aferrarte en demasía a una situación.

GARRAPATA. Una cosa pequeña que te está molestando y quitándote energía. Véase también *parásito*.

GASOLINA. Véase *combustible*.

GASOLINERA. Tiempo para cargar combustible y recargar tu energía.

GATO. La parte femenina del yo. Véase *animal*. Como herramienta para cambiar una rueda, asegura un mejor equilibrio y un viaje sin sobresaltos. «Levantar con el gato» tu ánimo; elevarte.

GÉISER. Estallido de energía emocional. Sentimientos que aparecen y salen rápidamente.

GEMA. Véase *joya*.

GEMELOS/MELLIZOS. Nuevos comienzos; en el mejor de los casos, en equilibrio.

GENERADOR. Motivaciones que hacen que uno comience un plan; energía del yo superior para movilizar la voluntad; incentivo y deseo de crecer.

GENERAL. Véase *guía*.

GENITALES. Energía creadora y reproductora; fuente de magia o ilusión. Sentimientos, miedos, esperanzas e identidad sexuales. Naturaleza masculina o femenina. Véanse *pene, vagina.*

GENTE. Muchos aspectos distintos de ti mismo.

GERMEN. Pequeños miedos que albergas; cuando tu energía o resistencia está baja, ellos empiezan a hacer efecto. También, la semilla o el germen de una idea. Esencia de dirección o propósito.

GIGANTE. Si se trata de un gigante grande y aterrador, indica que el miedo o la desconfianza en ti mismo han crecido desproporcionadamente. Hacer una montaña de un grano de arena. Si es un edificio, un árbol o un vehículo gigantesco, indica un enorme potencial en ti. El significado depende del contexto del sueño; si se trata de un gigante amenazador o de uno magnífico.

GIMNASIO. Autodisciplina mediante el equilibrio mental, físico y espiritual. Puede indicar que debes hacer ejercicio y elevar tu nivel de energía.

GITANO/A. Persona errante. No se enfrenta a la vida en el aquí y ahora, sino que se aleja de los problemas en lugar de encararlos. Si está diciendo la buena fortuna, esto refleja tu propia armonización psíquica, o que estás entregando tu poder al nivel de conciencia psíquico, en lugar de elegir la conciencia mística o superior.

GLACIAR. Emociones cerradas, congeladas. Véase *hielo.*

GLOBO. Edifica el espíritu, es alegre, ilimitado. Un globo que revienta es el estallido de una ilusión o una fantasía, lo cual crea una preocupación momentánea pero una comprensión duradera. Volar en globo y controlarlo significa elevarse a nuevas alturas; si vas a la deriva, significa que no tienes ningún control y que estás a merced de los vientos del cambio. Establece tu rumbo.

GLOBO TERRÁQUEO. Véanse *círculo, Tierra.*

GOBIERNO. Trabajar juntos para la mejora de todo nuestro ser.

GOLOSINA. Un gusto que te das, o también puede indicar que necesitas una energía adicional. Te estás consintiendo a ti mismo mediante excesos, en lugar de seguir un plan de vida equilibrado.

GOMA. Flexibilidad, aislamiento, protección. Llevar zuecos de goma o un traje engomado sugiere protección en medio de una tormenta emocional.

GORDO/A. Uno se está escondiendo de su verdadero yo; tiene una mala imagen de sí mismo. Represión de emociones y sentimientos; llenándose de negatividad y ansiedad. También, riqueza y abundancia, como en el caso de un ternero engordado, una billetera gorda, o vivir a cuerpo de rey.

GORRA. Cubierta o protección; punto en el cual uno se abre, se cierra o se aísla. Véase *sombrero*.

GRADO. Etapa de aprendizaje y crecimiento; cuán bien te está yendo con las lecciones por las que estás pasando. Si es un grado en la escuela, fíjate qué grado es.

GRADUACIÓN. Un trabajo bien hecho; estás preparado para la siguiente etapa de desarrollo, ya que has completado tus asignaciones de aprendizaje anteriores.

GRANDE. Cualquier cosa grande suele indicar el tamaño de tu propia inversión mental y emocional en el símbolo o lo que representa. Desproporcionado en importancia o en valor; hacer una montaña de un grano de arena. También, el potencial de una idea, plan o uno mismo. Una casa o un automóvil grandes significan un gran potencial y poder.

GRANDES ALMACENES. Grandes recursos internos; cualesquiera que sean los grandes almacenes, ofrecen variedad y oportunidades. Ideas nuevas, nuevas maneras de ver las cosas. Riqueza interior, talentos, habilidades. Véanse también *mercado, tienda*.

GRANERO. Necesidad de protección y cariño. Véase *granja*.

GRANJA. Aspectos de ti mismo que cuidan de ti, que cultivan. Trabajar en el desarrollo de un potencial; sembrar y cosechar. El crecimiento está simbolizado por lo que hay en la granja y la actividad que se está desarrollando en ella.

GRANO. Véase *ampolla*.

GRASA. Si está en un automóvil, indica la necesidad de conseguir que tu vida vaya sobre ruedas. Grasa en una sartén indica que necesitas empezar a comportarte de una forma responsable.

GRIETA. Parte del muro que has levantado se está abriendo; algo necesita repararse mental, física o emocionalmente. Depende de si la grieta sugiere decadencia o abrirse paso.

GRIFO. Capacidad de abrir o cerrar las emociones a voluntad. Un grifo que gotea indica una pérdida de energía debido a las preocupaciones emocionales; evalúa la situación y repárala.

GRILLO. Buen augurio, buena suerte, prosperidad. Una percepción útil; tu conciencia, tu guía. También puede indicar que una cosa pequeña te está molestando.

GRITO. Presta atención; consigue atención, pide ayuda.

GRUPO. Unir diferentes aspectos de ti mismo.

GRUPO MUSICAL. Véase *música*.

GUANTE. Protección, cobertura. Evitar el contacto con los demás; bloquear el envío y la recepción de energía física y emocional.

GUARDARROPA. Véase *ropa*.

GUARDERÍA. Una parte nueva de ti ha nacido y ahora necesita amor y cuidados.

GUARDIA. Protección divina. Si se trata del guardia de una prisión, indica que una parte de ti, de tus creencias o actitudes, te mantiene prisionero.

GUERRA. Estás luchando en tu interior; rechazar partes de uno mismo. Todos los aspectos deben trabajar en armonía: intelecto, intuición, masculino-femenino, cuerpo, mente, espíritu. Necesidad de equilibrio, integración.

GUETO. Véase *pobreza.*

GUÍA, ORIENTACIÓN. Yo superior, o seres avanzados, o maestro místico, que te guían en el camino de la vida.

GUILLOTINA. Sal de tu cabeza. Intelectualizar, racionalizar, analizar. Una persona sin cabeza significa lo mismo. La intuición te ayudará a resolver los problemas.

GUIÓN. Papeles que interpretamos en la vida. Eres el actor, el escritor, el productor y el director de la historia de tu vida. Puedes cambiar el guión en cualquier momento. Si algo no está funcionando, cambia el guión.

GUIRNALDA. Celebración del crecimiento.

GUITARRA. Capacidad de crear armonía o desarmonía. ¿Cómo estás tocando? ¿Necesitas afinar la guitarra?

GURÚ. Véase *guía.*

GUSANO. Aspectos de ti que preferirías no ver; aquellos que se alimentan de la decadencia o de la negatividad. Falta de conciencia; opinión pobre de uno mismo. Las lombrices preparan y enriquecen la tierra: adelante, empieza a sembrar. Reconoce tu belleza interior.

H

HABITACIÓN. Un aspecto de ti mismo. Véase *casa.*

HABLAR. Véase *discurso.*

HACIA ABAJO. Dirección errónea en la vida. Es importante que examines lo que estás haciendo y cambies de dirección.

HACHA. Herramienta para expresar poder, creativa o destructivamente; por ejemplo, para cortar lo viejo que ya no se necesita, o para destruir posibilidades de vida. Si alguien te persigue con un hacha, o viceversa, estás utilizando mal el poder y temes sus consecuencias. Redirige la energía hacia una expresión de ti mismo positiva y creativa.

HADA. Espíritu de la naturaleza. Entidad o energía que te apoya, que te ayuda.

HALCÓN. Ver y percibir desde grandes alturas; poderoso; elevarse espiritualmente.

HALLOWEEN. Los disfraces representan temores interiores o deseos que uno no ha reconocido. Lo que uno pretende o desea en la vida. Papeles.

HALO. Véase *aura*.

HAMBRE. Deseos ocultos; necesidad de sustento espiritual, meditación.

HÁMSTER. Dependiendo del sueño, puede significar que uno se está persiguiendo a sí mismo, dando vueltas y vueltas sin un objetivo claro.

HAWÁI. Relajación, belleza, quietud, sanación. Baja el ritmo y relájate. Siente el aroma de las rosas a lo largo del camino.

HECHICERO. Véase *mago*.

HELADO. Un gusto que te das. Has hecho algo bien. Véase *golosina*.

HELICÓPTERO. Crecimiento espiritual. Véase *avión*.

HEMORROIDES. Falta de comunicación verbal, no quererte a ti mismo, represión. El síndrome del mártir.

HERENCIA. Te están dando una oportunidad o un regalo para cambiar tu vida. Observa el regalo u artículo que has recibido.

HERIDA. Un desequilibrio del cual se está escapando la energía; herida mental, emocional, física. Fíjate dónde está ubicada la herida, qué estás haciendo para hacerte daño, para disipar tu energía. A menudo refleja una herida emocional; no has soltado a alguien o te sientes dolido y olvidado. Perdona, deja ir y regresa a tu propio centro creador para obtener satisfacción.

HERIDO/A. Detente y reduce la velocidad.

HERMANA. Parte femenina del yo. Cualidades en ti que proyectas en tu hermana o en la figura de hermana. Percepción de tu relación con tu verdadera hermana, o con la persona que ella representa

HERMANO. Parte masculina de ti. Cualidades de tu ser que proyectas en tu hermano o en la figura de un hermano. Percepción de tu relación con tu hermano en la realidad o como la persona que tu hermano representa.

HÉROE. Una celebridad o héroe nacional representa orientación o el yo superior. Por otro lado, podría significar que has hecho algo sumamente bien.

HERPES. Venenos que surgen del interior; si está en la etapa de ampollas, significa que todavía no has eliminado la fuente del problema. Represión. También, miedos sexuales ocultos, u otros miedos. Véase *ampolla*.

HERRAMIENTAS. Implementos necesarios para conquistar todos los miedos y alcanzar todos los objetivos. Todas las herramientas están en tu interior para reparar, renovar y volver a empezar; para aprender, crecer y manifestar lo que quieras. Ponte a trabajar.

HERRERO. Forjar nuevas formas fuertes; fuerza, poder, masculinidad.

HERVIR. El agua u otro líquido hirviendo significa que las cosas se están moviendo, purificando, limpiando. Si el líquido de una olla está rebosando y se está derramando, significa que hay demasiada energía negativa, emociones intensas, rabia; fuera de equilibrio.

HIELO. Emociones y sentimientos congelados; insensibilidad. Te has bloqueado y eres incapaz de dar y recibir. Estás a la espera, inmovilizado, no estás creciendo. Estar sobre una capa fina de hielo significa correr un riesgo; una situación o una relación inciertas.

HIERBAS. Energía sanadora, calmante. Permítete descansar y recibir cuidados.

HIJA. Tu niña interior. También, cualidades que proyectas en tu propia hija; la naturaleza de tu relación con tu hija u otra persona en ese papel.

HIJO. Niño interior masculino dentro de uno mismo. También, cualidades que proyectas en tu hijo; la naturaleza de la relación con tu hijo o una persona que representa ese papel.

HILAZA. Contar historias inverosímiles. Véanse *tejer*, *hilo*.

HILO. Experiencias tejidas en el tapiz de la vida; ideas; un hilo de verdad. Véanse *coser*, *tejer*.

HIPNOSIS. A menudo sugiere que estás bajo la influencia de creencias limitadoras sobre ti. Estás hipnotizado al creer que eres un ser limitado. Estás haciendo caso de las creencias de otra persona en lugar de las tuyas. También significa relajación, meditación y conciencia expandida.

HIPOPÓTAMO. Peso emocional y físico; poder por el peso. Anímate.

HIPOTECA. Una deuda con otra persona. Cómo usas la energía para invertirla en experiencias, en tomar prestados percepciones y tiempo. Véase *banco*.

HISTERECTOMÍA. Eliminar el rol de madre y pasar a una nueva etapa de desarrollo.

HOBBY. Terapia creativa, jugar con uno mismo; recargarse y volver a centrarse.

HOGAR. Casa, bienestar; anhelo o necesidad de seguridad. Ir en demasiadas direcciones. Necesitas un apoyo amoroso y reorganizarte.

HOJAS. Atributos. Las hojas en un árbol representan las lecciones aprendidas, los logros, las recompensas. Fruto de las actividades. Muchas hojas significan un gran crecimiento y logro.

Las hojas en el suelo indican que las cosas han sido completadas, que debes soltar.

HOMBRE. Lado enérgico, agresivo y fuerte de ti mismo. Racionalidad, sentido práctico, intelecto, conciencia, voluntad. Aquello que penetra, comprende. Véanse *mujer, yin-yang*.

HOMBRE LOBO. Agresividad, ira, miedo; necesidades bajas o animales dentro de uno mismo. Véase *monstruo*.

HOMBRO. Fuerza, poder. Capacidad de asumir responsabilidades sobre tus hombros. Agresividad; abrirse paso golpeando con el hombro o a empujones. Véase *cuerpo*.

HOMOSEXUAL (varón). Parte masculina del yo; fusión de las cualidades masculinas en tu interior. Si estás haciendo el amor con un individuo en particular, podría tratarse de una fusión dentro de ti de los atributos asociados a esa persona. Actitudes hacia tu propia sexualidad. Véase *relaciones sexuales*.

HONGO. Emociones poco saludables, enfermedad, desarmonía.

HONOR. Véase *premio*.

HORIZONTE. Nuevo comienzo; claridad, una visión más amplia; un sentido de ti mismo expandido.

HORMIGA. Capaz de llevar más que su propio peso. Productivo, ajetreado. Dependiendo del contexto, puede ser un fastidio, como dejar que pequeñas cosas te molesten.

HORNO. Poder. Donde se carga el kundalini para hacer que la energía ascienda por el cuerpo.

HORÓSCOPO. Relación del yo con las influencias celestes expandidas; propósito y plan para la vida. Anteproyecto de la vida elegido antes de la encarnación. Lo que hagas con él (cambiarlo, aceptarlo o dejarlo atrás) depende de tu libre albedrío. Guía o plano útil. Véase *astrología*.

HOSPITAL. Centro de sanación; rejuvenecimiento emocional, mental y físico.

HOTEL. Gran potencial para el crecimiento. Si es sórdido, indica que necesitas trabajar en ti mismo y empezar a comportarte de una forma responsable. Si está deteriorado, significa que eres rico de espíritu y estás utilizando tus múltiples talentos. Véanse *casa, edificio.*

HOYO. Si estás de pie al borde de un foso, deberías tomar otra dirección. Continuar traería oscuridad, en lugar de claridad. Si ya estás dentro del foso, el cual ha sido creado por ti, date cuenta de que no puedes esconderte. Te llevas todos tus problemas y preocupaciones contigo a dondequiera que vayas. Ha llegado el momento de examinar la situación, edificar tu conciencia y ponerte en marcha.

HUELLAS. Camino de crecimiento que hay que seguir. Significa que debes permanecer en este camino y no desviarte. Véase *vías de tren.*

HUELLAS DE NEUMÁTICOS. Marcar una rutina para ti. Normalmente, esto quiere decir que estás atrapado en la rutina.

HUERTO. Véase *jardín.*

HUESO. Cimientos, sistema de creencias, fuerza o apoyo. Esencial para el funcionamiento adecuado de todas las demás partes.

HUEVO. Estás cerrado, viviendo en una realidad limitada. Semilla de una nueva vida, preparada para abrirse. Véase *matriz.*

HUMO. Falta de claridad; las cosas están confusas; confusión. Indicador de emociones acaloradas; donde hay humo, hay fuego. Advertencia. Véase *niebla.*

HUMOR. Capacidad de reírse de uno mismo, de no tomarse a sí mismo demasiado en serio. La risa cura.

HUNDIRSE. Si te estás hundiendo en algo, te estás hundiendo en el fango y la inmundicia de tu propio estado emocional. Detente y haz algunos cambios; vas en la dirección equivocada. Libérate de las cargas innecesarias.

HURACÁN. Cambios fuertes, repentinos. Uno está atrapado en medio de una tormenta emocional, en lugar de permanecer en el centro de la calma. Medita y céntrate.

I

ICEBERG. Si es la punta de un iceberg, hace poco que has iniciado la exploración de ti mismo; no creas que lo sabes todo: cuanto más aprendas, más verás que no sabes. Ir a la deriva sin sentimientos. Véase *hielo*.

IDIOTA. Repites los temas una y otra vez, sin aprender de tus lecciones; falta de claridad; hacer la vida mucho más difícil de lo que tendría que ser. Entregar a otros tu poder.

ÍDOLO. Adorar falsos valores e ideas.

IGLESIA. Puede representar una apariencia externa de espiritualidad, en lugar de una armonización dentro de tu propio templo interior. Jesús nunca tuvo una iglesia, pero enseñó entre la gente. También indica una conciencia devota dentro de uno mismo; una necesidad de despertar la conciencia en reconocimiento de un Poder Superior.

IMAGEN. Véase *fotografía*.

IMÁN. Unir, juntar, en una relación, en los negocios o en otra situación. Intensa energía de atracción.

IMPOTENCIA. Miedo, inseguridad que está bloqueando el reconocimiento de tu propia valía.

IMPRENTA. Repetir historias, situaciones o temas una y otra vez sin aprender nada de ellos. También, comunicación, enseñanza.

IMPUESTO. Carga innecesaria que pones sobre ti; juzgarte a ti mismo. Ser llevado más allá de tus límites en una situación abrumadora. Estás agotando tu energía y no la estás recargando con la meditación y la alimentación.

INANICIÓN. Falta de amor, desconectarse de la fuerza de vida. Alimenta al yo con meditación, afirmaciones y relajación.

INCESTO. Fusión de partes de ti mismo: adulto con niño, hombre con mujer. Dos personas del mismo sexo significa que estás aceptando la parte femenina o masculina dentro de ti. Todas las personas que aparecen en el sueño son tú; el incesto no tiene que ver con el comportamiento sexual. Véase *relaciones sexuales*.

INCIENSO. Dulzura; conciencia del yo interior conectada con la realidad exterior.

INCUBAR. Todavía no es el momento adecuado para las ideas nuevas; están a punto de cobrar vida.

INDICADOR. Indica el equilibrio de energía física, mental y espiritual.

INDIGESTIÓN. Incapacidad de digerir ideas, creencias, situaciones o algo que está ocurriendo en tu vida. Relájate y evalúa la sobrecarga. Véase también *náuseas*.

INDIO/A. Maestro, yo superior o guía. Dependiendo del contexto, si te están persiguiendo unos indios u otro pueblo que no es de tu raza, esto representa una parte de ti que desconoces. Tienes miedo de aquello que no comprendes.

INFECCIÓN. Véase *enfermedad*.

INFIERNO. Dificultades por las que uno está pasando; las imágenes del ambiente infernal sugieren la naturaleza de los problemas. Miedos a los que debes enfrentarte y superar. Tú creas tu propio cielo o infierno en el ahora del vivir. Véase *fuego*.

INGENIERO. Encajar, construir, montar nuevas partes de ti mismo. Si está en un tren, indica que estás al mando de tu camino en la vida.

INICIACIÓN. Has llegado a lo más alto; graduación. Despertar a un nuevo nivel de conciencia.

INMACULADA CONCEPCIÓN. Soñar que uno es fecundado por la luz o por la fuerza de Dios significa abrirse a la conciencia espiritual. Un nuevo comienzo en la conciencia y una oportunidad para el desarrollo espiritual.

INODORO. Eliminación; limpiarse de experiencias del pasado no deseadas e innecesarias. Soltar, dejar ir, perdonar. Si el inodoro está atascado, estás bloqueando el proceso de limpieza al aferrarte a experiencias negativas.

INSECTO. Véase *bicho.*

INSIGNIA. Premio por un logro, reconocimiento u honor. Identidad de uno mismo, estatus, cómo te ves.

INSTITUTO (bachillerato). Un curso avanzado de aprendizaje y crecimiento. Véase *escuela.*

INSTRUCTOR/A. Un maestro superior está ahí para ayudarte. Si es un instructor teatral, se trata de una parte de ti mismo utilizada para la exhibición y la diversión.

INTERIORISTA. Convertir tu propia vida en una experiencia de belleza; cambiar, rehacer partes de uno mismo.

INTERRUPTOR. Control del poder; capacidad de encender o apagar a voluntad. Grado de control de la energía y las experiencias de vida. Si estás en una casa oscura y no puedes encontrar el interruptor de la luz, esto significa que tu energía está baja y que debes hacerla subir. Nuevas cosas están cobrando vida que actualmente desconoces.

INTESTINO. Sentimientos profundos u ocultos; percepción visceral de una situación, comprensión básica. Proceso de limpiar y soltar el pasado y experiencias e ideas que no se utilizan y no se necesitan.

INTRUSIÓN. Violación de tus propios derechos de autoexpresión; llevarte la energía de otra persona, o permitir que abusen de la tuya. Véase *espía.*

INUNDACIÓN. Abrumado emocionalmente. Véase *desastre.*

INVASIÓN. Falta de privacidad, necesidad de más espacio que puedas llamar tuyo. Permitir que los pensamientos negativos invadan tu paz mental.

INVENTO. Una nueva forma de ver las cosas; una nueva idea para resolver un problema.

INVIERNO. Véase *estación*.

INVITADO/A. Parte de uno mismo que no se utiliza con regularidad, pero que puede ser invitada cuando uno la necesita.

INYECCIÓN. Chute de energía; rápido reconstituyente; curación. Si es adictiva o letal, te estás inyectando pensamientos destructivos y peligrosos. Interferencia con el cuerpo etérico, hacer agujeros en el aura, perder energía.

ISLA. Refugio para la relajación, la expresión creativa de uno mismo. Cerrarse ante otras personas; el deseo de huir de situaciones; aislamiento.

IZQUIERDA. Lo intelectual o racional. La mano izquierda es la mano que recibe.

JABÓN. Actúa de forma responsable. Limpieza de cuerpo, mente o espíritu. Dedica algún tiempo a la limpieza, la purificación de actitudes y pensamientos.

J

JADE. Sanación, crecimiento. Véase *joya*.

JARDÍN. Crecimiento, expresión de ti mismo. Fíjate si está cuidado, si tiene flores, malas hierbas, etc. Frutos de tu propio esfuerzo; resultados de tu trabajo en el crecimiento y el aprendizaje. Un jardín necesita que lo cuiden, lo rieguen, lo nutran. Si hay muchas malas hierbas, esto indica que no estás por encima de las cosas en la vida cotidiana, de modo que tienes que dedicar más tiempo a organizarte, a decidir cuáles son tus prioridades. Una manera sana de aquietar la mente, de reconstruir y recargar.

JAULA. Prisión creada por uno mismo; miedo a estar atrapado por tus propias limitaciones. Temor a expresarte. La puerta de la jaula nunca está cerrada con llave: eres libre de salir por la puerta que lleva a la libertad, tu propia conciencia.

JEFE/A. El crítico que llevamos dentro, que puede tener una influencia creativa o destructiva. Orientación que te da instrucciones útiles. La naturaleza de la relación con tu propio jefe.

JERINGA. Instrumento de limpieza. Véase *inyección*.

JESÚS. Maestro, yo superior. Véase *Cristo*.

JIRAFA. Buscar el crecimiento.

JOVEN. Apertura; parte alegre, lúdica, creativa de uno mismo. Pocas restricciones o limitaciones. Joven de espíritu.

JOYA. Habilidad que no tiene precio, que está en tu interior, que no has reconocido todavía. Un talento no desarrollado. Hay dones sumamente valiosos en tu interior; reconoce tu belleza interior y tus herramientas creativas para tener una vida gozosa. Véanse también joyas específicas y *tesoro*.

JUDAS. Traicionarte a ti mismo. Por encima de todo, esto: debes ser fiel a ti mismo. Véase *prostituta*.

JUEGO. El juego de la vida, o el juego al que estás jugando actualmente. Fíjate cómo has determinado las reglas y las posibilidades de éxito. Véase *escenario*. Jugar con alguien, especialmente en una relación.

JUEZ. Dependiendo del contexto, puede significar orientación, yo superior, conciencia. A menudo indica que uno se está juzgando duramente: eres tu propio juez y jurado y debes aprender a ser tierno, amable y cariñoso contigo mismo, además de justo e imparcial. Si tu lado crítico juzga al yo con demasiada dureza, también juzgarás duramente a los demás. Juzgar a los demás. No te juzgues a ti mismo, ni juzgues a los demás. Cambia lo que haya que cambiar y sigue adelante. Permanecer en la culpa y la condena reduce la energía y el nivel de comprensión. Véase *jurado*.

JUGADOR DE CARTAS. Correr riesgos. Detente y fíjate si estás actuando contra fuerzas abrumadoras. Véase *dados*.

JUGAR. Si estás jugando, recarga tus energías creativas, relájate y olvídate de la competencia y la lucha.

JUGUETE. Tiempo de jugar, de alegrarse. Cuando ves tus objetivos como si fuesen juguetes, son más fáciles de manifestar. El espíritu de juego de la niñez es tu mejor herramienta creativa; juega con las ideas y ellas tomarán felizmente una nueva forma en la expresión de ti mismo.

JUICIO. Pasar por una prueba en tu vida. Necesidad de mantener una distancia para ver cuál es la lección.

JUNGLA. Tremendo crecimiento. Están ocurriendo tantas cosas que es difícil asimilarlas todas.

JURADO. El yo crítico, que evalúa. La justicia y la claridad son esenciales. Puedes ser demasiado duro, injusto; la clave está en el equilibrio al reconocer dónde estás cometiendo errores y dónde vas bien. Véase *juez*.

KARATE. Aprender a concentrar y dirigir la energía hacia la meta deseada.

K

KARMA. Recogerás lo que siembres. Aquello que das y recibes de los demás.

KRISHNA. Véase *guía*.

KUNDALINI. Fuerza vital, poder espiritual, Espíritu Santo, energía de Dios. Se aloja en la columna vertebral y despierta a los siete chakras a su pleno potencial. Véase *serpiente*.

LABERINTO. Confusión y sentirse perdido. Un laberinto siempre está creado por ti, a menudo como un escape para evitar tomar decisiones y aceptar la responsabilidad. Si estás corriendo por el laberinto de la vida, imagina que se convierte en una autopista y sigue adelante con tu crecimiento.

L

LABORATORIO. Área de trabajo donde uno elabora planes de vida e ideas; refleja dónde estás en tu vida ahora y hasta qué punto estás en control de las cosas. Tú eres el alquimista que crea y combina las experiencias de la vida para comprenderlas y trascenderlas.

LADRILLO. Fortaleza, resistencia. Construir una nueva dirección, remodelar.

LADRÓN. Algo le está robando energía al yo, gastando la fuerza vital. A menudo es tu incapacidad de decir «no» a las exigencias hechas a tu tiempo y tu pensamiento. La negatividad, el miedo, la ansiedad, la culpa y la resistencia son ejemplos de ladrones internos.

LAGO. Si el agua está clara, plácida, estás en control de tus emociones; si está oscura o agitada, tienes que centrarte y hacer una limpieza de tu vida emocional. Recursos emocionales y sensibilidad. No es tan poderoso como el océano, pero es más relajante. Véanse *charca, charco, océano, agua*.

LÁGRIMAS. Soltar emociones, ya sea alegría o tristeza. Limpieza emocional, soltar la tristeza, la frustración, la negatividad reprimida. Una forma saludable de equilibrar las energías emocionales. Despertar espiritual del amor, la unidad, la verdad interior; lágrimas de conciencia.

LÁMPARA. Luz interior. Véase *luz*.

LANA. Suave, cálida, tierna.

LANA DORADA. Iniciación; mensaje espiritual; protección divina.

LANGOSTA (crustáceo). Domínate.

LANGOSTAS (insectos). Las formas de pensamiento negativas están comiéndose tu armonía interior. Estás limitando tu crecimiento con los chismes y la negatividad. Cambia a una orientación positiva hacia ti mismo y hacia los demás.

LANZAMIENTO. Iniciar una nueva aventura. Descubrimiento de uno mismo. Apuntar a una meta.

LÁPICES DE COLORES. Crear una expresión colorida. Véase *arte*.

LÁSER. Energía poderosa, centrada, concentrada.

LATA. Si está sin abrir, indica que una parte de ti está separada. Una lata oxidada representa viejas creencias y actitudes que ya no son necesarias. También significa artificial, como la risa enlatada. Disipar o liberar al yo de algo, como, por ejemplo, un viejo hábito.

LÁTIGO. Flagelación verbal de uno mismo o de otras personas; autocastigo. Agresividad, hostilidad.

LATÓN. El yo interior que puede deslustrarse si no se lo pule y se le saca brillo para que resplandezca con su luz.

LAVA. Aspectos desconocidos de uno mismo que hacen erupción después de haber sido reprimidos en la conciencia. Mensaje del inconsciente.

LAVANDERÍA. Limpiar aspectos del yo. Comportarse de una forma responsable.

LAVAR. Empezar a actuar de una forma responsable; limpieza, purificación de las emociones.

LAXANTE. Limpieza del cuerpo. Soltar y dejar ir las culpas, los miedos, las heridas y las emociones reprimidas.

LECHE. Sustento, cuidados maternales; satisfacción, amor, cuidar de las partes de uno mismo que están en desarrollo. La leche de la bondad humana. También, necesidad de proteínas, de fuerza.

LENGUA. Habilidad para comunicarte, expresarte. Si te la cortan, indica que tengas cuidado con lo que dices. También, que una lengua afilada no hace que la ira desaparezca.

LENTE. Percepción. Cómo te ves y cómo ves a los demás.

LEÑA (ardiendo). Tener la fuerza para purificar y limpiar áreas de ti mismo que son destructivas y ya no son necesarias en tu vida.

LEÓN. Fuerza, poder, masculinidad. Miedo a la agresividad, ira en ti mismo o en otros. Domar al león es enfrentarte a tus propios miedos mediante la fuerza interior y el amor. Véase *animal.*

LEPRA. Desperdiciar los propios talentos y habilidades.

LESBIANA. Parte femenina de la persona; fusión de las cualidades femeninas con el yo. Si estás haciendo el amor con una persona conocida, podría tratarse de una fusión dentro de ti con las cualidades asociadas a dicha persona particular. Actitudes hacia tu propia sexualidad. Véanse *relaciones sexuales.*

LEVADURA. Ingrediente que produce crecimiento y expansión. Estar a la altura de las circunstancias.

LEVITAR. Elevarse por encima de una situación. Un perspectiva más ligera. Conciencia y percepción sin esfuerzo cuando te animas.

LIBERTAD CONDICIONAL. Estar en libertad condicional te recuerda que has tardado bastante en aprender una determinada lección o en resolver un problema. Un período de prueba tiene un límite. Si no cambias, pagarás las consecuencias kármicas, ya que recogerás lo que siembres. Examina lo que has estado dejando de lado, o cambiando, o a lo que te has estado enfrentando, y ocúpate de ello.

LIBRO. El libro de tu vida, o cuál es el propósito de tu vida. El conocimiento de un plan de vida. Presta atención: llegarán lecciones importantes.

LÍDER. Yo resuelto; sabiduría interior. La parte de ti que te está guiando; examina si se trata del aspecto emocional, mental, físico, espiritual, o la combinación de todos ellos.

LIFTING FACIAL. Crear un nuevo rostro; una nueva manera de ver las cosas. Una forma completamente nueva de ver la vida. Véase *cirugía plástica.*

LIMÓN. Poca calidad. Además, agente limpiador, sanador. Véase *amarillo.*

LIMPIAR. Sacar brillo a viejas partes de uno mismo. Renovarse. Véase *lavar*.

LIMUSINA. Enorme potencial.

LINTERNA. Llevar la luz a partes desconocidas de ti mismo. Mira bien.

LÍQUIDO. Fluye, es adaptable. Capacidad de adoptar muchas formas, aspectos. Emocional, flexible, inestable.

LIRIO. El lirio de Pascua representa la vida, la muerte y el renacimiento; el proceso de crecimiento y regeneración; transición. Véase *flor*.

LOBO. Deseos voraces, apetitos no satisfechos. Astuto, furtivo. Ataca a la paz mental y el bienestar. Llénate desde dentro; honra a tu ser.

LOCO/A. Alguien que se niega a aceptar la responsabilidad por haber elegido vivir en esta realidad; alguien que actúa siguiendo los impulsos primarios del hombre. También, una actitud alegre; actuar espontáneamente, sin pensar.

LORO. Chismes. Alguien que repite todo y habla incesantemente. ¿Estás controlando tu boca?

LOTO. Desarrollo espiritual. Véase *flor*.

LSD. Expansión de la conciencia, normalmente sin ningún control. Despertar, conciencia expandida. Es más seguro y más productivo utilizar la meditación, apoyándote en la dirección interior y en las energías. Véase también *drogas*.

LUCHA. Hacer que las cosas sean mucho más difíciles de lo necesario; no hay necesidad de luchar y sufrir. Fluye con la corriente de la vida; relájate y busca la orientación interior. Confusión interior; lucha entre partes de uno mismo.

LUNA. Dependiendo del sueño, puede indicar seguridad, paz interior, romance, amor, quietud, creatividad, inspiración. También, una influencia emocional, ya que la luna afecta a las mareas. Si no estás centrado, una luna llena puede aumentar los sentimientos de confusión.

LUNAR. Mancha, irritante, actitud que afecta a tu pensamiento y a tu comportamiento.

LUTO. Incapacidad de soltar a personas, experiencias o creencias para dejar sitio a lo nuevo. Transición: ábrete a recibir una nueva dirección.

LUZ. Sabiduría de Dios; poder, energía, capacidad de ver y comprender. La luz de Cristo dentro de ti.

LL

LLAMA. Luz de Dios dentro del corazón de ti mismo; rayo de luz para la visión interior; despertar espiritual. Cuanto más medites, más brillará tu luz.

LLAMAR A LA PUERTA. Presta atención a lo que estás haciendo. Una oportunidad llama a tu puerta.

LLAVE. Conciencia interior que abre la puerta a todas las verdades; sabiduría, conocimiento.

LLORAR. Liberación de tensión y del estrés; frustración. Si son lágrimas de alegría, podrías estar resolviendo un problema, solucionando los bloqueos. También puede ser una descarga emocional por la apreciación de la belleza, la integración de la vida, absolutamente maravillado.

LLUVIA. Limpieza en preparación para el crecimiento emocional. Una tormenta fuerte indica cambios emocionales, quizás difíciles, pero se trata de algo temporal.

M

MADERA. Flexible, cálida, acogedora, calmante. Cuando es parte de un árbol, representa la vida que puede ser moldeada o a la que se puede dar una nueva forma.

MADERA CONTRACHAPADA. Flexibilidad, fortaleza, calidez.

MADEROS. Material de construcción para tu vida. Estás preparándote para crear nuevas experiencias. Fortaleza, flexibilidad.

154

MADRE. Normalmente representa una parte más mayor, más sabia y experimentada, del yo femenino. Sentimientos que proyectas en la figura materna. Si son sentimientos negativos, esto suele reflejar un odio o resentimiento del propio yo maternal que entrega su poder a los demás, que carece de amor a sí mismo, que cuida de las necesidades de los demás y desatiende las suyas. Véase *mujer*.

MAESTRO. Alguien que muestra el camino. Todos los seres son maestros. Cómo hacer o no hacer algo. Presta atención al maestro interior, o superior, para hacer que tu vida sea más sencilla. Despiertas a la comprensión por tu propia receptividad. Aunque todas las personas son maestros, y algunas son especialmente influyentes en tu camino, recuerda que tú eres tu propio gurú.

MAFIA. Conflicto o guerra que está teniendo lugar en tu interior. ¿Estás permitiendo que otras personas te manipulen o estás usando tu poder contra los demás?

MAFIOSO. Véase *criminal*.

MAGO. Estás intentando engañarte o engañar a otra persona. Vivir en un mundo de fantasía, atrapado en ilusiones, jugando. O también podría representar al mago del Tarot, con la capacidad de transmutar la energía, estando al mismo tiempo en casa y en control de los universos interiores y exteriores. Si estás sacando un conejo de un sombrero, necesitarás una idea ingeniosa para salir de una situación, pero puedes hacerlo.

MAL. Ignorancia, falta de conciencia. Véase *diablo*.

MALABARISTA. Intentas hacer demasiadas cosas a la vez, dispersando tu energía. Interpretar el papel de superpadre o supermadre, de superempresario, superesposa o supermarido, o lo que fuere. Concentra las energías, porque no estás haciéndolo nada bien.

MALA HIERBA. Mal hábito que debes eliminar en tu jardín de la vida.

MALDICIÓN. Véase *maleficio.*

MALEANTE. Alguien que le roba al yo y lo va minando. Véase *criminal.*

MALEFICIO. Rabia, dolor, incapacidad de lidiar con una situación dolorosa de manera positiva. Actitud vengativa; hacerte daño a ti mismo o a otra persona.

MALETA. Si estás haciendo la maleta, estás guardando los problemas, en lugar de enfrentarte a ellos y eliminarlos. Véase *equipaje.*

MALETERO. Necesidad de hacer una limpieza interior y liberar los viejos sistemas de creencias. Véase *maleta.*

MALETÍN. Partes de tu identidad de ti mismo y programas que llevas contigo.

MALIGNIDAD. Actitudes venenosas; ira, hostilidad; dar golpes a diestro y siniestro por inseguridad y miedo. Odio hacia uno mismo dirigido a otras personas. Falta de amor a uno mismo.

MAMAR. Deseo de volver al pecho materno, de ser cuidado y criado, sin tener responsabilidades. También puede indicar que estás siendo un «mamón», un bobo, o que te están implicando en algo.

MANCHA. Marca, desfiguración; algo que necesita ser limpiado. Véase *lunar.*

MANDALA. Herramienta para enfocar la energía para centrarte y equilibrarte. Un símbolo del amor.

MANDÍBULA. Si está cerrada, indica necesidad de expresarte verbalmente; libera las emociones reprimidas. Severidad, fuerza. Si unas mandíbulas te están triturando, esto sugiere miedo a las palabras, o entregar tu poder a otras personas. Perder el control, ser ingerido por las palabras negativas de los demás.

MANGUERA. Si lleva agua, es una limpieza emocional, alimentar, centrar. Dirección consciente de la energía. Véase también *serpiente.*

MANIJA. Tener control de una situación. Avanzar por tener un dominio de la vida. Si está rota, entra dentro de ti y encuentra tu fuerza interior y tus recursos; debes entender quién eres y cómo eres.

MANO. Parte de ti mismo que es expresiva, sensible. La mano izquierda recibe energía, amor; la derecha da. Si te haces daño en la izquierda, no te estás permitiendo recibir; si te ocurre en la derecha, estás dando demasiada energía sin reponerla. Una mano extendida hacia ti significa que te están ofreciendo ayuda: mira en tu interior, acércate a los demás y a Dios. Véase *cuerpo*.

MANOPLAS DE COCINA. Protección. Presta atención en tu trabajo, ten cuidado.

MANSIÓN. Enorme potencial dentro de ti. «En la casa de mi Padre hay muchas mansiones», muchos talentos, habilidades y niveles de conciencia que todavía no has comenzado a explorar. Cuando aprendas a conocerte a ti mismo, la naturaleza infinita del ser, tus verdaderos dones, empezarás a utilizar tu potencial creativo. La mayoría de nosotros vive en cabañas de madera. ¿Creerías en los hormigueros?

MANTA. Véase *colcha*.

MANTEQUILLA. Dulzura, cariño; resbaloso, grasoso. También, adulación falsa, como cuando uno le da coba a otra persona.

MANTO. Una cubierta. Papel en el que nos estamos ocultando en lugar de abrirnos y atrevernos a ser nosotros mismos. Los mantos ceremoniales indican que uno está recibiendo una iniciación.

MANZANA. Influencia sana; nueva comprensión, mayor conocimiento y sabiduría. Energía y dirección propia. El que la manzana esté madura, sea hermosa, esté podrida o tenga gusanos sugiere si estás abriéndote a una nueva energía y comprensión, o si necesitas eliminar la negatividad y la decadencia.

MAPA. Anteproyecto para la vida, el camino que eliges seguir, pautas, dirección, algo que te muestra dónde estás y adónde debes ir.

MAPACHE. No estar dispuesto a permitir que los demás vean tus intenciones; no ser totalmente honesto. Los ojos ven con claridad, pero están enmascarados a la vista de los demás.

MAQUETA. Si es la maqueta de un vehículo o un edificio, sugiere planificación, un nuevo desarrollo.

MAQUILLAJE. Véase *cosméticos*.

MÁQUINA. Extensión y utilización del poder natural. Si te conviertes en una máquina, has perdido contacto con los niveles de sentimiento sensible, y con la relación entre mente, cuerpo y espíritu. El cuerpo es un templo interdimensional, no un robot.

MÁQUINA DE ESCRIBIR. Medio de comunicación y expresión de uno mismo. Necesidad de organizar y expresar verbalmente los pensamientos y los sentimientos.

MAR. Véase *océano*.

MARCHA (automóvil). Poner un coche en marcha es prepararse para ir en busca de nuevos proyectos. Las marchas indican el nivel de energía.

MARCHA ATRÁS. Cambia de dirección. Vas por el camino equivocado.

MARCHAR. Todas las partes de ti mismo trabajando juntas con precisión y unidad.

MAREADO. Ir en demasiadas direcciones, estar disperso. Necesidad de una energía equilibrante, que te centre. Estás atrapado en un torbellino de acción, con pocos logros.

MAREAS. Fluctuaciones emocionales. Véase *océano*.

MAREMOTO. Cataclismo grande, poderoso. Observa lo que está ocurriendo, resuelve las cosas y ocúpate de ellas.

MARFIL. Pureza; fuerza, resistencia.

MARIDO. Parte masculina del yo. Cualidades que proyectas en tu marido. Percepción de tu relación con tu marido. Véase *hombre.*

MARIHUANA. Relájate y mira en tu interior; extrae comprensión y dirección de un nivel de conciencia expandido. También, una dependencia de estimulantes externos en lugar de una armonización interior. Véase también *drogas.*

MARINA. Necesidad de autodisciplina emocional. Véase *militar.*

MARINES. Véase *militar.*

MARIPOSA. Renacimiento en una forma superior; transmutación de energía. La belleza que viene de confiar en el proceso de crecimiento, con sus altibajos, emergiendo triunfante a una nueva conciencia.

MÁRMOL. Algo bello, pero frío y sin sentimientos.

MARRÓN. Terrenalidad; anclarse. Volver a estar en contacto con el aspecto físico del yo; demasiado énfasis en lo mental y espiritual; estás sin equilibrio.

MARTILLO. Una idea o herramienta, usada para construir o para destruir. Fíjate en cómo la estás utilizando.

MARTILLO DE JUEZ. Justicia. La parte de ti que evalúa podría estar captando tu atención; considera un problema en particular al que te estás enfrentando; o algo ahora ya está decidido y tú puedes rechazar el caso o la preocupación.

MÁRTIR. Falta de amor a uno mismo; preocuparse por los demás y no atender a las propias necesidades. Asumir la responsabilidad por otras personas o causas, para evitar trabajar en tus propios asuntos. Evasión de responsabilidad; inflar el ego; el síndrome de «tengo que hacerlo todo yo». Suelta y perdónate y perdona a los demás. Acepta la responsabilidad de ti mismo.

MASAJE. Sanación, equilibrio. Integración física, mental y emocional.

MÁSCARA. Los diferentes papeles que interpretas, los rostros que llevas puestos. No ser fiel a uno mismo; insinceridad; ocultarse. Atrévete a ser tú mismo.

MASTICAR. Descomponer, asimilar conocimientos o información; pensar en algo, clasificar, escudriñar. Morderse las uñas o masticar algo demasiado duro de tragar indica un problema al que no estás dispuesto a enfrentarte, o que no te pertenece. También, falta de expresión verbal.

MASTURBACIÓN. Necesidad de liberar estrés o tensión en el cuerpo. Cuida de las necesidades del segundo chakra.

MATAR. Matar a alguien o ser asesinado representa destruir partes de ti mismo, eliminar las creencias, los comportamientos o las energías que la víctima representa. Si estás matando a uno de tus padres, estás liberándote de algo de tu comportamiento paternal o maternal que ya es anticuado, o la antigua manera de relacionarte con un progenitor. Si estás matando a un niño o una niña, estás destruyendo la parte infantil de ti, o quizás ciertos comportamientos infantiles. Fíjate si la persona a la que matas es hombre o mujer, vieja o joven, etc. Si los aspectos de ti mismo son inútiles y ya no los necesitas, o si son valiosos y los estás negando, depende del contexto del sueño. Si te están matando y estás sangrando, estás perdiendo energía o la fuerza vital. Tus propios pensamientos, actos u otras cosas en tu vida te están quitando energía. Véase *sangre*.

MATRIMONIO. Unir o juntar ideas, personas, partes o aspectos de ti mismo. Soñar con el matrimonio suele representar una fusión de las partes intelectuales e intuitivas, o masculinas y femeninas, de uno mismo. Soñar que uno se casa con un antiguo amante o amigo/a sugiere la integración de las cualidades positivas de dicha persona en la propia conciencia, en lugar de proyectarlas en ella. Véase *yin-yang*.

MATRIZ. Estar a salvo, seguridad, crianza sin responsabilidad. Es posible que uno no regrese jamás al estado de dependencia sin responsabilidad, pero se puede reconocer la seguridad en el poder creativo y la protección amorosa de lo divino, o del Yo-Dios interior.

MECÁNICA. Un trabajo que se debe hacer en tu funcionamiento físico diario en el mundo. El cuerpo o vehículo físico puede necesitar atención, descanso o reparación.

MECERTE. Forma suave de aumentar la energía para centrarte en cuerpo, mente y espíritu.

MEDIAS. Protección, soporte, calidez; ayuda para los cimientos, las piernas y los pies. Una media o un calcetín de Navidad significan abrirse para recibir los buenos regalos del universo.

MEDICINA. Sanación, rejuvenecimiento; equilibrar cuerpo, mente y espíritu. También, tomar tu propia medicina (que te traten como tú tratas a los demás). Karma. Corrige tu forma de pensar.

MEDICIÓN. Establecer criterios. Tus propias expectativas. Examina las expectativas del yo y de los demás. Método de cálculo basado en tu experiencia. ¿Cómo te estás midiendo? ¿De una forma realista?

MÉDICO. Tu sanador interior; el yo superior sanador. Orientación.

MEDITACIÓN. Conócete a ti mismo. Un camino hacia el gurú o maestro interior. Conocerse a sí mismo es conocer todas las cosas. Dios, la interrelación y unidad con todos los seres, con toda la vida. Cuando verdaderamente te conoces a ti mismo, ya no te juzgas, ni juzgas a los demás, y recibes a todo el mundo con amorosa aceptación. La meditación es la autopista hacia la iluminación; mantiene tu campo energético en continua expansión, acelerando tu crecimiento. Es así de simple.

MEDUSA. Ve con tiento en el ámbito emocional. Necesidad de meditar.

MENOPAUSIA. Liberarse de la codependencia o de la maternidad. Deja de hacer de madre de las personas que hay en tu vida.

MENSAJERO/A. Mensajero de Dios; guía, yo superior. Escucha el mensaje para poder comprender.

MENSTRUACIÓN. Tiempo de descanso, de limpieza, de rejuvenecimiento; relájate y alimenta tu lado creativo. Si el sangrado es evidente, véase *sangre*.

MENTIRA. Incapacidad para evaluarte sinceramente. No querer ver. Miedo a la verdad.

MERCADO. Estás buscando nuevas maneras de ver y de hacer. Todo lo que necesitas está ahí: elige lo que quieres. Llevar a la conciencia nuevos aspectos de ti mismo. Véanse también *tienda, grandes almacenes*.

MERCANCÍAS. Exceso de equipaje o viajes que no necesitas. Demasiadas mercancías significan que estás intentando llevar una carga demasiado pesada.

MERCURIO. Espíritu, conciencia. Cambiante, impredecible. Mensajero de los dioses. Véase *planeta*.

MERMELADA. Si estás untando mermelada, simplemente estás haciendo que la confusión aumente. Necesitas reconocer tu poder, responsabilidad y autodisciplina para ponerte de pie y salir de esa situación.

MESA. Actividades cotidianas, ya sea trabajar, comer o jugar. Posponer una decisión. Negociación.

METAL. Fuerza, durabilidad. Duro, frío, sin sentimientos.

METRO. Estás descubriendo aspectos más profundos de ti. Si te estás subiendo a un vagón del metro, te estás preparando para ir en una nueva dirección. Si cambias de tren, estás cambiando de rumbo.

MEZQUITA. Véase *iglesia*.

MICRÓFONO. Expresa verbalmente tus necesidades y tus sentimientos, en voz alta, con claridad, para que te oigan y te comprendan. No estás diciendo lo que piensas.

MICROSCOPIO. Examen detenido de ti mismo; escrutinio. Examinar las creencias y las limitaciones que normalmente son difíciles de ver.

MIEDO. Estar cerca de la verdad y tener miedo de verla. El otro lado del miedo es la comprensión. Ver partes desconocidas de ti mismo y tener miedo de reconocerlas; resistencia. Cualquier cosa que uno tema debe ser enfrentada para que pueda desaparecer. Tu mayor temor es el cambio: irónicamente, la única razón por la que estás aquí es para cambiar.

MIEL. Dulzura en la vida; abundancia. Véase *oro*.

MILITAR. Si es un oficial, representa una orientación. Si es una base militar, o si estás en el ejército, indica severas restricciones impuestas al yo. Entregar el poder a otras personas en lugar de aceptar la propia responsabilidad, determinando su propia dirección. También indica la necesidad de autodisciplina.

MINA. El inconsciente. Tesoros ocultos dentro de uno mismo.

MINISTRO/A. Maestro, guía. Podría reflejar un papel que tú u otra persona estáis interpretando; cuidar de los demás en lugar de cuidar de tu propio crecimiento y crear tu propia suerte.

MINUSVALÍA. Dependiendo del tipo de minusvalía, uno está limitando su propio crecimiento al no reconocer el potencial o examinarse sinceramente. Véase *deformidad*.

MINUSVÁLIDO. Véase *minusvalía*.

MIRAR. Si estás mirando u observando una situación, estás aprendiendo tus lecciones a través de otras personas. Integra la importancia, la esencia, a tu propia vida. Véase *reloj*.

MÍSTICO/A. Dios interior, yo superior, el maestro que todos llevamos dentro. A través del yo místico puedes tener el poder de sanar, aconsejar y enseñar, a ti mismo y a los demás.

MOCOS. Eliminar la energía reprimida.

MODELO. Si se trata de un modelo o una modelo de pasarela, sugiere algo que estás intentando ser o presentar.

MOMIA. Estás envuelto en tus propios programas, creencias y hábitos. Tu espíritu creativo interior está muerto para ti. Ha llegado el momento de cobrar vida trascendiendo tu fluido embalsamador.

MONASTERIO. Un retiro espiritual, necesidad de entrar en tu interior, explorar el yo masculino y reorganizarte antes de aventurarte a nuevas lecciones y experiencias. Dependiendo del contexto del sueño, puede significar esconderse del crecimiento o llamar al mundo. Véase *convento*.

MONEDA. Véase *dinero*.

MONJA. Maestra; cualidades espirituales dentro de uno mismo. Celibato. Si está vestida de negro, implica estar desconectado del mundo material; también, estar apartado de la gente. El negro corta la energía y cierra los chakras.

MONJE. Maestro sabio. Dependiendo del contexto, puede ser alguien que no está en contacto con el yo sexual y emocional en el grado necesario para la vida diaria.

MONO. Si se balancea de una rama a otra, detente y céntrate; si está chillando o dando saltos, debes aquietar tu mente con la meditación; si el mono está imitando a otros, debes reconocer y cambiar algunos de esos números locos que estás organizando y que has aprendido de otras personas. Lo que el mono ve, el mono imita. Determina tu dirección desde tu interior.

MONOTONÍA. Atrapado en programas, actitudes y creencias, dando vueltas y vueltas con los mismos viejos temas. Aburrimiento por falta de crecimiento. Eres libre de bajarte de esta rueda cuando tú quieras.

MONSTRUO. Miedos que tú mismo has creado, que has permitido que crezcan desproporcionadamente mediante una preocupación y una atención excesivas. Cualquier idea negativa a la que le des muchas vueltas crecerá hasta convertirse en algo monstruoso: no es más que una ilusión dentro de tu propia mente. Haz el esfuerzo de enfrentarte a cualquier monstruo que aparezca en tu sueño; pregúntale qué parte de ti representa, qué pensamiento, creencia o miedo. Considera al monstruo como un amigo que ha venido a enseñarte algo, a traerte un regalo. Inmediatamente, después de despertar, imagina al monstruo; imagina que se baja la cremallera y se quita el disfraz de monstruo y que de su interior sale un pequeño ser que trae un regalo para ti: una nueva percepción. Recuerda que todos los aspectos del sueño son tú.

MONTAÑA. Perspectiva, claridad, conciencia espiritual. Ver una montaña en la distancia significa que te esperan experiencias iluminadoras, oportunidades y nuevas lecciones. Si estás ascendiendo, vas en la dirección correcta; si estás bajando, significa que vas por mal camino en algún aspecto de tu vida diaria.

MONTAÑA RUSA. Tu vida está teniendo altibajos. Detente y busca el equilibrio.

MONTAR. Si estás montado en un vehículo y otra persona lo está conduciendo, pregunta quién está dirigiendo tu vida en lugar de ti; o qué aspecto de ti está guiando tu rumbo. También si te llevan de paseo, indica que te están engañando. Ver los distintos vehículos. Si estás montado en un animal, ello muestra unidad con la naturaleza, libertad y armonía.

MORADO. Protección espiritual. Conciencia superior.

MORDEDURA. Hunde tus dientes en el problema o la lección. Véase *masticar*.

MORSA. Expresiones, sentimientos y emociones extraños. ¡Sigue practicando!

MOSCA. Un insecto significa que estás dejando que las cosas pequeñas te fastidien. Pequeños disgustos.

MOTEL. Gran potencial para manifestar tus objetivos.

MOTOCICLETA. Necesidad de equilibrio en tu vida. Examina tus actividades diarias, tu agenda.

MOTOR. Fuente de poder, fuerza vital. Véase *energía*.

MUDANZA. Estás realizando grandes cambios en tu interior. Crecimiento y movimiento para convertirte en un ser completo. Guarda los muebles (actitudes, ideas, creencias) que te gusten y desecha los que no son necesarios y que ya has superado.

MUDO/A. Dependiendo del sueño, podría estar indicándote que no estás expresando verbalmente tus necesidades, o diciéndote que te quedes quieto y escuches más tu interior.

MUEBLES. Creencias, ideas y actitudes que te rodean. Extensión de ti mismo; cómo te defines a ti mismo. Expresión de ti mismo.

MUELLE. Lugar para descansar de los mares emocionales de la vida; lugar seguro para evaluar el pasado y determinar la futura línea de acción. Véase *puerto*.

MUELLE/RESORTE. Consigue un poco de energía y avanza dando un salto; brinca hacia delante, crece, empieza de nuevo. Sal de lo viejo dando un salto y entra en lo nuevo. Usa tu energía enroscada para emprender nuevos proyectos.

MUERTE. Lo viejo está muriendo; deja paso a los nuevos comienzos. La vida es un proceso de muerte y regeneración hacia la conciencia superior: lo viejo muere para que uno pueda continuar creciendo. Cuando las flores mueren y caen de un árbol, éste continúa creciendo y cambiando. Cada pequeña muerte fortalece al árbol, porque cada una de ellas es esencial para un total despliegue de la vida.

MUJER. El aspecto creativo-intuitivo, receptivo, emocional, cariñoso, de uno mismo. Afinidad, sentimientos, el inconsciente. Aquello que está abierto, que puede ser penetrado o en lo que se puede entrar. Véanse *hombre, yin-yang*.

MULA. Terquedad. También, la capacidad de llevar cargas pesadas, pero ¿por qué querrías interpretar el papel de mártir? Véase *animal*.

MULETA. Asistencia temporal, apoyo, utilizado cuando uno se siente incapaz de recurrir a su propia fuerza interior y su sabiduría. Indica que uno está más centrado en sus desventajas que en resolver el problema.

MULTA. Si es una multa por exceso de velocidad, evidentemente estás yendo demasiado rápido y necesitas tomarte un tiempo para relajarte, serenarte.

MULTITUD. Muchas partes de uno mismo. El contexto del sueño debería mostrar si es ruidosa, pacífica, resuelta, o lo que fuere, indicando cuán bien están integradas las partes del yo.

MUNDO. Realidad que experimentas en la conciencia espacio-tiempo. Tu propio mundo; percepciones, creencias, limitaciones. Véase *tierra*.

MUNICIÓN. El uso del poder para proteger o destruir; positivo o negativo. Las palabras pueden ser munición para defender una causa; las balas pueden ser munición para la violencia. Examina si estás reuniendo recursos para una acción positiva, o si planeas utilizar pensamientos, palabras y actos para atacarte a ti mismo o a otra persona.

MUÑECO/A. Depende del muñeco o muñeca: si es blando, indica necesidad de amor y cariño; si es tipo Barbie y Ken, significa que estás interpretando un papel y reprimiendo tu verdadero yo.

MURO. Bloqueo, obstáculo. Erigir un muro entre uno y los demás no te proporciona protección, únicamente te encierra dentro de roles rígidos y del miedo. Derriba el muro o rodéalo cambiando tus creencias y actitudes. Arriesgarse, amar.

MÚSCULO. Fuerza, poder, flexibilidad. Fortaleza por la fuerza.

MUSEO. Aprender, conocimientos. Integración de experiencias.

También, estar fuera de la corriente principal de la vida; programas y creencias desfasados.

MÚSICA. Sanación, fluir creativo de la vida. Alegre, edificante. Armonía, paz y belleza interiores.

N

NACIMIENTO. Abrir una nueva dirección, nuevas posibilidades. Véase *bebé*.

NADAR. Aprender lecciones emocionales; cómo mantenerte a flote y comprenderte en las aguas emocionales de la vida. Permanecer por encima de las emociones.

NALGAS. Detente, siéntate y enfréntate al problema.

NARANJA (color). Equilibrio de paz y energía, amarillo y rojo. Una combinación de paz y amor.

NARANJA (fruta). Alimenta al yo. Puede sugerir que necesitas los nutrientes específicos que hay en la naranja. Véase *comida*.

NARIZ. Humorísticamente, la lección está delante de tus narices, pero no la ves. También, que estás siendo un fisgón, que no metas la nariz en los asuntos de los demás. Detección de dirección, siguiendo el aroma de una pista.

NÁUSEAS. Limpiar y soltar lo negativo que ha sido reprimido. Has absorbido demasiadas experiencias sin comprenderlas, guardándote tantas cosas que te estás poniendo enfermo. Sácalo todo fuera, aprende las lecciones y pasa a otra cosa. Véase también *indigestión*.

NAVAJA. Viveza mental, claridad. Línea fina que separa la verdad de la falsedad. Véase *cuchillo*.

NAVIDAD. Celebración; despertar el poder del amor; nacimiento espiritual; dar y recibir la conciencia superior. Un reflejo de lazos pasados con la familia y amigos, el significado que dieron a tu vida; fuerzas a las que puedes recurrir en el presente.

NECROLOGÍA. Muerte de lo viejo: creencias, programas, actitudes.

NEGOCIO. Todas las partes de nosotros mismos trabajando juntas para producir los resultados que deseamos conseguir.

NEGRO. Partes inconscientes, desconocidas, de uno mismo, en ocasiones aquellas que hemos rechazado por miedo. Véase *color*.

NEUMÁTICOS. Movilización. Si se te ha pinchado un neumático, estás sin equilibrio. Aumenta tu energía.

NEVERA. Poner tus sentimientos en hielo; frialdad emocional. Falta de afecto, de calidez.

NIDO. Deseo de vida familiar, relaciones, un hogar. Un lugar seguro en tu interior. Necesidad de tu propio espacio. Período de incubación, lugar de descanso, antes de que emerjan las nuevas ideas creativas.

NIEBLA. Incapacidad de ver. Eleva tu energía para comprender la situación o la dirección.

NIEBLA TÓXICA. No ver con claridad. Véase *niebla*.

NIEVE. Pureza, verdad, paz, relajación. La nieve virgen, intacta, significa nuevos comienzos, un nuevo inicio, una nueva mirada a tu mundo. Véase *hielo*.

NIÑA. Tu niña interior; normalmente, cuanto más pequeña es, más sensible. Pude significar que debes relajarte y jugar más, ponerte en contacto con tu niña. Actitudes de niña. Véase *mujer*.

NIÑO. Parte masculina infantil de ti mismo; cualidades masculinas que crecen en tu interior. Expresión física, externa, que es abierta y vulnerable.

NIÑOS. Aspectos de ti, como vulnerabilidad, inocencia, apertura, flexibilidad, actitud juguetona. Tus propios hijos reflejan tus actitudes y creencias. A menudo sugiere que has olvidado a tu niño interior.

NIRVANA. Véase *Cielo*.

NOCHE. No ver las cosas claramente; estar desconectado de la luz interior de la orientación. Entrar en partes desconocidas de uno mismo.

NOMBRE. Si oyes o ves tu propio nombre, significa que debes prestar atención. Si se trata del nombre de otra persona, representa cualidades que tú asocias con ella y que debes actualizar en ti. Busca el nombre en *alfabeto* y en *números* para hallar su significado numerológico.

NORTE. Oscuridad, incertidumbre, ignorancia. Punto desde el cual buscas orientación espiritual. Emociones y sentimientos fríos. Si el norte representa «arriba», vas en la dirección correcta.

NOVIO. La parte de ti mismo fuerte y enérgica se está preparando para fundirse con el lado femenino creativo-intuitivo. Véanse *boda, novio y novia*.

NOVIO Y NOVIA. Cuando tanto la novia como el novio aparecen en un sueño, representan la fusión de las cualidades masculina y femenina dentro de ti mismo; un nuevo comienzo con madurez y una mayor responsabilidad. El matrimonio es la unión del cuerpo, la mente y el espíritu. La novia es un nuevo comienzo con más conciencia del yo femenino; el novio es un nuevo comienzo con más conciencia del yo masculino.

NUBE. Una nube ligera, esponjosa, es el surgimiento de la conciencia espiritual, la paz interior. Una nube oscura indica poca energía, depresión; no estás fijándote en tus lecciones. Un aguacero emocional podría ser inminente.

NUDO. Tensión, estrés, como estar hecho un nudo; cerrado. Fuerza, unidad, mantenerse unidos.

NUECES. Nueva semilla, potencial para el crecimiento. Tiempo de preparación y trabajo para recoger dividendos.

NUMEROLOGÍA. Véanse *números*.

NÚMEROS. Cada número tiene un significado espiritual, una vibración especial, un mensaje simbólico para ti. Suma los números para obtener tu símbolo (ejemplo: un 28 es $2 + 8 = 10$, $1 + 0 = 1$). Los números individuales son los siguientes:

1. Nuevos comienzos, unidad con Dios, unidad de la vida.

2. Equilibrio de las energías masculina y femenina; o necesitas equilibrio en alguna área de la vida.

3. Trinidad, armonía de mente-cuerpo-espíritu; el sueño tiene un mensaje espiritual.

4. Equilibrio de energías con una pareja o un socio; crecer en perfecto equilibrio.

5. Un cambio está teniendo lugar ahora, u ocurrirá muy pronto.

6. Orientación, la Hermandad Blanca (maestros de la verdad). La estrella de seis puntas simboliza el equilibrio perfecto del hombre, los tres chakras que están encima y los tres que están debajo del centro del corazón.

7. Número místico que marca los principios y los finales, períodos cíclicos para el crecimiento y el desarrollo: 7 chakras, 7 días para crear el mundo, 7 cielos. Cada 7 años es un ciclo de muerte y renacimiento.

8. Conciencia cósmica, infinito.

9. Conclusión, final de lo viejo. Triple trinidad.

10. Nuevo comienzo con experiencia, una frecuencia superior de comprensión.

11. Poder para expresar creativamente el equilibrio dinámico de uno mismo. Expresión superior del 2. Número maestro.

12. Poderosa unidad de energía, como los 12 discípulos, 12 meses, 12 signos del zodíaco. Ciclo para el crecimiento y el desarrollo. También, el significado de 3, la trinidad.

22. Expresión espiritual de equilibrio e integración con uno mismo y con los demás. Nivel superior del 4, número maestro.

33. Maestro espiritual; doble trinidad; número maestro.

40. Energía mística. El tiempo necesario para recargar y renovar completamente el cuerpo. Cambio hacia una percepción más elevada.

0. Totalidad, perfección, como en el círculo.

NUTRIA. Parte juguetona, alegre, de uno mismo. Aprende a nadar con facilidad y con una actitud juguetona por los mares emocionales de la vida, en lugar de temer y sentir pavor de tus experiencias.

O

OASIS. Alimentación emocional. Refugio.

OBELISCO. Poder espiritual, crecimiento. Torre de fuerza. Véanse *torre, pirámide.*

OBESIDAD. Véase *gordo/a.*

OBRA DE TEATRO. Ver una obra de teatro es ver tu propia vida. Recuerda que tú eres el escritor, el director y el productor. Si no te gusta lo que ves, eres libre de cambiar el guión o producir una obra enteramente nueva.

OBSCENO. Partes inaceptables o rechazadas de ti mismo; deseos o imágenes que no comprendes en su forma simbólica. Ninguna imagen es obscena cuando ves el mensaje que hay detrás de ella.

OBSTÁCULO. Limitación o creencia que uno debe superar o dejar de lado para poder seguir adelante. El pensamiento creativo es la clave.

OCÉANO. El mar de la vida. Enorme energía emocional que debe ser respetada y usada sabiamente. Fuente de tu fuerza vital. Si estás perdido en el mar, quiere decir que estás abrumado por las emociones. Véanse *lago, charca, agua.*

OESTE. Exploración, aventura, aspectos inconscientes o desconocidos de uno mismo.

OFICIAL. Véase *policía.*

OFICINA. Vida laboral diaria; productividad.

OJO. Tu forma de ver las cosas actualmente. Un ojo representa el yo espiritual, el ojo de Dios, la conciencia expandida, el ver con claridad. Verdad, poder, clarividencia. Ambos ojos abiertos significan ver con claridad; los ojos cerrados indican que uno no está dispuesto a mirar las situaciones y las lecciones en su vida. Véase *ciego*.

OJO DE CRISTAL. Nos permite ver con mayor claridad. Si está roto, tu percepción está cambiando para ver las cosas de una nueva manera. Si lo has perdido, has perdido tu capacidad de ver claramente.

OLA. Ir sobre una ola es moverse sobre sentimientos y emociones fuertes. Si estás en la playa observando las olas, sugiere atraer energía hacia ti para renovarte y recargarte. Cambios, subir y bajar.

OLIVO, OLIVA. Amor, paz. Elemento nutritivo con muchos usos. Véase *comida*.

OLOR. Cualidad de una experiencia, idea: un aroma que invita o un olor desagradable. Si algo apesta, es una mala idea.

OM. Sonido utilizado como mantra, que simboliza a Dios, Brahman, la integración de todas las vibraciones en el universo. Armonización con el Yo-Dios.

OMBLIGO. Conexión con el ser interior. Simbólico de lo espiritual o del cordón de plata que conecta el alma con el cuerpo. Véase *plexo solar*.

ÓNICE. Poder y belleza desconocidos que se encuentran dentro del alma. Parte del superconsciente místico. El negro representa la joya desconocida, la cualidad mística dentro del yo. Don espiritual. Con claridad, esta luz brillará.

OPERADOR/A TELEFÓNICO/A. Orientación. Si no puedes establecer la comunicación, tienes que elevar tu energía.

ÓPALO. Cualidad translúcida que sugiere que todas las verdades brillan a través de él. Todas las facetas de ti mismo, los talentos de los que dispones. Multidimensional. Gran belleza.

ÓPERA. Véase *coro*.

OPERACIÓN. Curación, reparación. Fíjate de qué zona del cuerpo se trata, en qué chakra se está trabajando. Si hay una gran pérdida de sangre, esto significa que debes relajarte y proteger tu energía mientras te recuperas física, mental o espiritualmente. Véase *cuerpo*.

ORDENADOR. Tu mente es un ordenador. Tus pensamientos, palabras y actos crean tu realidad. Observa lo que programas: esto determinará tu vida.

OREJA. Escucha, presta atención, oye lo que está ocurriendo. Véase *sordo*.

ORGASMO. Si llegas al orgasmo en un sueño, podría significar que no estás teniendo una vida sexual lo bastante activa, o la necesidad de liberar tensiones sexuales. Esto es necesario para que el cuerpo se mantenga equilibrado y sano, y por lo tanto suele ocurrir durante el sueño. Es importante reconocer que todos somos seres sexuales.

ORGÍA. Muchas partes de ti mismo se están combinando, pero en la confusión se produce una pérdida de energía. La energía sexual está yendo en demasiadas direcciones; detente y centra tus energías para evitar el agotamiento. Abandono vicioso.

ORIENTE. Estar en Oriente o en cualquier lugar del extranjero muestra el despertar de una parte de ti con la que todavía no estás familiarizado. Oriente simboliza el despertar espiritual. Véase *este*.

ORILLA. Véase *playa*.

ORNAMENTO. Algo que te ayuda a sentirte bien, un adorno. En un árbol de Navidad sugiere un don espiritual.

ORINAR. Soltar la tensión emocional. Limpieza.

ORLA. Estar hecho un lío por dentro; o algo adicional o decorativo que embellece.

ORO. Luz, amor, de Cristo. Algo que te es otorgado divinamente; grandes tesoros interiores.

ORQUESTA. Todas las partes de uno mismo trabajando en armonía.

ORUGA. Conocimiento limitado; no eres consciente del potencial y la belleza.

OSCURIDAD. Algo desconocido que emerge del inconsciente. Pasar por una situación con escasa energía y poca claridad. Medita, aumenta tu energía y enciende tu luz interior.

OSO. Fuerza, poder. Energía emocional inconsistente, en la que no se debe confiar: puede ser violento o cariñoso, encantador o irritable. Véase *animal.*

OSO DE PELUCHE. Abrazo cariñoso, calidez, afecto; necesidad de amor a uno mismo. Retorno al sentido básico de amar incondicionalmente. El oso de peluche no hace daño, no rechaza el afecto, no te contesta. También indica un aspecto inmaduro de una relación. Tienes el control absoluto, sin dar o quitar.

OSTRA. Cerrado; esconderse de la belleza que hay dentro de uno mismo (perla). Véase *almeja.*

OTOÑO. Véase *estación.*

ÓVALO. Nuevo comienzo, totalidad, conclusión. Huevo, matriz, círculo. Fíjate en cómo se utiliza.

OVARIO. Almacén de nuevos comienzos. Lugar para las semillas del crecimiento.

OVEJA. Confianza ciega, inocente; entregar toda la responsabilidad de uno mismo a otras personas. Desarrolla la conciencia del pastor o del yo superior en tu interior para que te proteja y te guíe. También, un cordero podría representar el deseo de un abrazo cariñoso y sensibilidad; un deseo de volver a la inocencia, el cual es un estado irrealista e indeseable. Véase *cordero.*

OVNI. Véase *avión.*

ÓXIDO. Es el momento de hacer limpieza y pulir; hay trabajo que hacer en tu interior. Limpia, sácales brillo a esos atributos y talentos olvidados.

PADRE. Representa una parte más sabia, más madura del yo masculino. La sabiduría del hombre maduro y experimentado. Aspectos atribuidos a Dios, protector y bondadoso, o cualidades proyectadas en el propio padre o la figura paterna.

PADRES. Normalmente, las partes de ti experimentadas, mayores. Si tus padres han pasado a mejor vida, podría tratarse de una verdadera visita o un mensaje de ellos. Véanse *hombre, mujer, padre, madre.*

PAGANO/A. Parte de ti que es indisciplinada. Entender mal y usar mal la energía, como en los antiguos ritos paganos que adoraban a falsos dioses.

PÁGINA. Una página en blanco significa que no estás haciendo nada con tu vida. Leer una página indica que estás vislumbrando la historia de tu vida. Véase *libro.*

PALA. Limpiar tus asuntos. Mover la tierra con una pala puede significar plantar nuevas semillas para el crecimiento. Si estás quitando nieve, estás deshaciendo las emociones congeladas.

PALACIO. Reino mágico dentro de ti; gran magnificencia y potencial.

PALILLOS DE DIENTES. No expresarse verbalmente. Las cosas se están quedando atascadas en tu boca: comunícate con amor y humor.

PALOMA. Mensajero. Te va a llegar un mensaje, quizás más tarde en el sueño o en la realidad de vigilia. Vuelo y libertad.

PALOMA BLANCA. Símbolo místico de libertad, paz, despertar espiritual. Véase *ave.*

PALOMITAS DE MAÍZ. Cuando estallan significa expansión de ideas, crecimiento positivo. Los granos de maíz indican un potencial que todavía no ha dado frutos. También podrían indicar la necesidad de añadir sal a tu dieta.

PAN. Compañerismo; comunión con los demás al percibir que todos somos parte del cuerpo de Dios. El cuerpo como templo de Dios; el proceso de aprender las lecciones de la vida a través del alimento vital o la conciencia de Dios. La meditación o la comunión con Dios es el pan de la vida, la realización de nuestra unidad con todas las cosas.

PANADERO/A. Alquimista; el yo creativo. Véase *cocinero.*

PANDILLA. Aspectos ingobernables de ti mismo; actitudes y creencias que dan miedo.

PÁNICO. Véase *miedo.*

PANTANO. Sentirse agobiado con el trabajo; hundido en el lodo emocional. No hay claridad, ni perspectiva. Véase *ciénaga.*

PANTORRILLA. Fuerza, flexibilidad, movimiento.

PANTUFLAS. Papeles que interpretamos. Aspectos mimosos del yo.

PAÑALES. Sé amable contigo mismo mientras te liberas de los viejos proyectos.

PAÑO. Los materiales con los que creas tu vida. Fíjate en el color.

PAÑUELO DE PAPEL. Empezar a actuar de forma responsable. Necesidad de dejar ir, soltar y hacer una limpieza de los problemas a los que te enfrentas.

PAPA. Guía, maestro espiritual. Vivir según las reglas de otra persona. Escucha a tu propio maestro interior.

PAPEL. Medio para la expresión de uno mismo; escribir. Si hay papeles desparramados por todas partes, quiere decir que tienes que organizarte.

PAPEL DE PAREDES. Acicalar, rehacer. Cubrir, ocultar los verdaderos sentimientos, tu verdadero yo.

PAPERAS. Falta de expresión verbal; bloqueo del chakra de la garganta; represión. Guardarse frustraciones, dolor, emociones. Véase *enfermedad.*

PAQUETE. Enviar un paquete es dar una parte de ti, proyectarla en otra persona; recibir un paquete es entrar en contacto con una parte desconocida de ti. Véase *regalo.*

PARACAÍDAS. La ayuda está aquí, tu guía te está observando y protegiendo a lo largo de tus experiencias actuales. También indica que es el momento de echar un cable.

PARAGUAS. Cobertura, protección del aguacero emocional. Esfera de funcionamiento. Sistema de creencias.

PARAÍSO. Véase *Cielo*.

PARALIZAR. Temporalmente incapaz de funcionar bien, de ver con claridad, debido al miedo.

PARÁSITO. Algo o alguien que se alimenta de ti y te quita energía. Pueden ser tus propios pensamientos negativos y tus miedos, o una relación con una persona que está agotando tu energía. Véanse también *sanguijuela, vampiro*.

PAREJA. Dos partes de ti mismo. Fíjate si son masculinas o femeninas.

PARIENTE. Aspectos de ti mismo que están representados por cualidades o características que tú identificas con una persona en particular. Rara vez representa realmente a dicha persona: casi siempre se trata de ti.

PARQUE. Lugar de belleza, recreación, rejuvenecimiento. Podría sugerir necesidad de relajación y de tomarte tiempo para oler las flores a lo largo del camino. Fíjate si el parque está bien cuidado, o abandonado; cómo te sientes ahí, si sientes paz o miedo. El parque refleja tu conciencia y experiencia de un sentido ampliado de bienestar y apreciación de ti mismo.

PARQUE (de bebé). Un parque de niño transmite la necesidad de un tiempo de recreo estructurado; asegúrate de incluirlo en tu agenda.

PARQUE DE DIVERSIONES. Relájate, tómate un descanso de tus actitudes serias hacia la vida; ríete, diviértete, suéltate. Un tiovivo u otra vuelta circular por sí misma sugiere, sin embargo, que estás dando vueltas en círculos y que necesitas bajarte, planear una nueva dirección.

PASAJERO. Si eres un pasajero en un vehículo, te estás dejando llevar. Estás eligiendo seguir las ideas y las indicaciones de los demás, en lugar de las tuyas. No estás asumiendo la responsabilidad de determinar tu propio camino en la vida.

PASAPORTE. Billete a la libertad; eres libre para ser y hacer con tu vida lo que quieras. Crea lo que tú quieres.

PASCUA. Renacimiento espiritual; ciclo de vida y muerte como un despliegue y un crecimiento continuo. Véase *resurrección*. Si hay conejos y huevos de Pascua, esto representa una celebración, actitud juguetona y deleite.

PASILLO. Un pasillo estrecho por el que debes pasar necesariamente; no puedes salirte del camino. El que esté iluminado u oscuro refleja si estás viendo claramente la naturaleza de aquello a lo que te enfrentas. Pasaje hacia la comprensión.

PASTEL. Celebración y cariño. Convite lujoso; regalo especial.

PASTILLA. Has creado una pastilla difícil de tragar y estás en proceso de tomar tu propia medicina, o karma. Como medicamento, representa la sanación.

PATILLAS. Crecimiento, protección. Véase *barba*.

PATINAR. Si llevas puestos patines de ruedas o de cuchilla, trabaja para traer el equilibrio a tu vida. Estás pasando de tus responsabilidades, no te estás enfrentando a una situación, no te estás ocupando de las cosas.

PATIO. Crecimiento protegido, no sujeto a los vientos del cambio. El crecimiento que podemos realizar y actualizar fácilmente. Véase *jardín*.

PATO. Flexibilidad para lidiar con situaciones emocionales; adaptabilidad en el vivir: capaz de volar, nadar o caminar. Si está nadando con la cabeza por encima del agua, significa que estás por encima de tus emociones.

PATRÓN. Sistema de creencias limitador; maneras de manejarnos típicamente al enfrentarnos a situaciones. Algo debe ser cambiado y dejado atrás.

PAVIMENTAR. Pavimentar o volver a allanar un camino es hacer la vida más fácil para ti; tomarte el tiempo para prepararte el camino antes de seguir adelante.

PAVO. Normalmente representa actitudes tontas, formas poco inteligentes de hacer las cosas. Ser engañado, no tener criterio. Fiesta, celebración, alabanza, como en el día de Acción de Gracias.

PAVO REAL. Signo de belleza y orgullo. Todos los colores del arco iris.

PAYASO. Capacidad de reírse de uno mismo, ver el humor en todas las situaciones. Uno aprende más a través de la risa y la alegría; la risa sana. Disfruta de la vida, atrévete a ser tú mismo.

PECHO. Chakra del corazón, Dios o el centro del amor en nuestro interior. Nutrición, consuelo, amor incondicional.

PEDESTAL. Honor, reconocimiento. También, entregar tu poder a alguien o algo, poniéndolos en un pedestal. Ego o mártir, poniendo al yo en un pedestal. Todos somos seres iguales.

PEGAMENTO. Mantén las cosas unidas hasta tener más claridad. Persiste. Estás pegado a una tarea: dedicado. Sólido, fuerte. Si pierdes los nervios, dispersas tu energía, pierdes perspectiva.

PEGAR. Arremeter y criticarte a ti mismo o a otra persona. Necesidad de aceptación, amor a uno mismo y de expresar las necesidades y los sentimientos.

PEGASO. Inspiración. Véase *caballo*, *volar*.

PEINE. Desenredar una situación. Todavía estás quitando nudos.

PELEA. La energía reprimida del segundo y tercer chakra está siendo liberada de una forma destructiva. Aprende a expresar verbalmente tus emociones y a no reprimirlas.

PELÍCULA. Ésta es tu vida: las escenas representan tus pensamientos, sentimientos, percepción y relaciones actuales, y te revela cuáles son tus problemas. Eres el productor y el director; cambia lo que tenga que cambiarse.

PELIGRO. Debes estar alerta, consciente. Sensación de un cambio inminente sin ninguna claridad. Nuevos aspectos de ti mismo que actualmente son desconocidos, y por ende te asustan, están cobrando vida.

PELO. Poder que fluye desde el chakra de la coronilla o centro espiritual superior; cuanto más pelo, mayor es el poder. Si se trata de vello corporal, significa protección y calidez.

PELOTÓN. Todas las partes fuertes, enérgicas de ti mismo uniéndose para realizar un objetivo.

PELUCA. Diferentes maneras de utilizar el poder.

PENDIENTE. Si vas ascendiendo, esto indica un gran progreso en el camino de la vida; si vas descendiendo, vas en la dirección equivocada y con prisas.

PENDIENTES. Momento importante para escuchar a tu voz interior.

PÉNDULO. Equilibra tu vida, pues estás balanceándote de un extremo a otro en tus emociones y en tus pensamientos. Sal de la pauta «acción-reacción» mediante la meditación. Observa al yo y a los demás sin dejarte atrapar por todos sus juegos.

PENE. Procreación, poder, agresividad. Aquello que penetra, impregna con ideas. Masculinidad; sentimientos acerca del cuerpo, la sexualidad. Si se ve a través de la conciencia del segundo chakra o chakra sexual, se le da al pene más énfasis y poder del que está justificado. Véanse *genitales, vagina, hombre, mujer.*

PENITENCIARÍA. Si estás en una penitenciaría, tienes bloqueos que superar, pero no te resultará difícil.

PENSIÓN ALIMENTICIA. Retribución o karma. Pagar por acciones del pasado, compromisos o acuerdos que ya no quieres incorporar a tu vida.

PENUMBRA. No ver con claridad; sólo estás vislumbrando. Eleva el nivel de energía para tener una percepción más clara.

PERDER UN BEBÉ. Decidir no seguir adelante con un plan, idea o programa; abortar o soltarlo porque no es el mejor camino. También, destruir un nuevo aspecto de ti mismo que está cobrando vida. Véase *aborto*.

PERDIDO/A. No tienes claro el sentido, el propósito o la dirección en la vida; estás indeciso. Falta de claridad debido a una baja energía. Medita y pide orientación interior.

PEREGRINO. Alguien que está explorando partes desconocidas de sí mismo; un estudiante de la vida. Buscar la verdad espiritual: mira en tu interior.

PERFUME. Dulzura, lujo. Gratificación. Véase *olor*.

PERIÓDICO. Mensaje sobre tu vida diaria, lo que está ocurriendo. Míralo; presta atención.

PERLA. Belleza que se ha formado dentro de uno mismo. Hermoso, precioso, fuerte. Véase *joya*.

PERMISO. Darte permiso para ser feliz, tener éxito, tomar el control de tu vida. Conocerte a ti mismo; atreverte a ser tú mismo. Un permiso de conducir es tu identidad.

PERRERA. Aspectos del yo masculino; agresividad, emociones reprimidas.

PERRO. Parte masculina del yo. Si es feroz, significa que las tendencias agresivas deben ser redirigidas por canales positivos, expresadas verbalmente.

PERSIANA. Tanto si sueñas con una persiana o con la pantalla de una lámpara, es algo que quita luz. Véase *cortina*.

PERSONA DE NEGOCIOS. La parte organizativa del yo.

PESADILLA. Cualquier pesadilla es un sueño de enseñanza, tu guía que está intentando llamar tu atención. Nada es aterrador cuando uno comprende los símbolos; es simplemente una manera de recordártelos. Soñar que estás teniendo una pesadilla es un mensaje doble de que debes prestar atención e intentar comprender. Véase *monstruo*.

PESADO. Llevas demasiado peso sobre tus hombros; aclárate respecto a tus prioridades, simplifica y retira lo que te está pesando. Delega, anímate.

PESCADO. Necesidad de meditación, de alimento espiritual. Cuanto más grande es el pescado, más meditación se necesita. También, algo puede estar oliendo mal, o puede no estar del todo bien.

PETARDO. Energía mal dirigida.

PIANO. Armonía, equilibrio, expresión creativa. Si está desafinado, debes sintonizar contigo mismo, con lo que está ocurriendo a tu alrededor. Ocho notas de la escala representan la conciencia espiritual, levantar el ánimo. Véase *música*.

PICADURA. Cuando un insecto te pica, quiere decir que te están molestando cosas pequeñas. Comentarios o pensamientos mordaces. Elimina el goteo negativo.

PICAZÓN. Represión; necesidad de expresarte más verbalmente.

PICNIC. Alimentar al yo y cuidar de él a través del juego y la relajación.

PIE. Anclarse, equilibrio. Los centros nerviosos y los puntos reflejos están en los pies, vitales para conducir energía, equilibrio y sanación del cuerpo. Si te haces daño en el izquierdo, no te estás permitiendo recibir. Si es en el pie derecho, estás dando demasiada energía sin reponerla. Lavarte los pies significa sanación. Fíjate en el contexto de los sueños. Los pies descalzos muestran que estás con los pies en la tierra y en contacto con ella. Véase *cuerpo*.

PIEDRA. Véase *roca*.

PIEL. Cubierta, entorno; fachada que presentas al mundo. La belleza sólo tiene la profundidad de la piel; busca los valores espirituales en el interior. Medida de las emociones, los sentimientos, como cuando algo hace que se te ponga la piel de gallina. Punto de intercambio entre las realidades interna y externa; puente.

PIEL DE ANIMAL. Protección, cubrir; naturaleza instintiva.

PIERNA. Base en la vida. Motivación, movilización que te permite conocer varias lecciones. Sistema de apoyo o capacidad de permanecer con los pies en la tierra. La pierna izquierda indica recibir; la derecha indica dar energía. Véase *cuerpo*.

PIJAMA. Papel que interpretas en el dormitorio. También, que necesitas dormir y rejuvenecer. Véase *cama*.

PILAR. Fortaleza, soporte, liderazgo. Independencia y capacidad de mantenerte firme en tus creencias y en tus verdades interiores.

PILOTO. Yo superior, guía, el Señor, que guía tu viaje por la vida. ¿Eres tú el piloto o te está dirigiendo otra persona? Un piloto de avión está al mando de tu vehículo espiritual; un piloto marítimo está dirigiendo tu barco emocional.

PIMIENTA. Estimulante; ideas calientes; emociones acaloradas.

PINCEL. Herramienta para la expresión creativa.

PINGÜINO. Al ser un ave acuática que no vuela, representa el yo abrumado por el peso de las emociones. El blanco y negro indica que debes trabajar para equilibrar las energías: yin y yang, masculina y femenina, negativa y positiva.

PINO. Árbol que es el mayor conductor de energía junto con la secuoya. Véase *árbol*.

PINTURA. Cambiar de actitudes, hacer limpieza, rehacer. Pintar un cuadro es una nueva manera de expresarte creativamente. Fíjate en el color.

PIONERO. Explorar lo desconocido; buscar nuevas formas de pensar, sentir y expresarte, o la necesidad de hacerlo. Véase *peregrino*.

PIPA. Si estás fumando una pipa, esto sugiere relajación, esparcimiento, como si estuvieras con la pipa y las pantuflas. Véase *cigarrillo.*

PIRÁMIDE. Poder místico, iniciación. Has hecho algo bien, has pasado una gran prueba.

PIRATA. Una parte de ti, algo o alguien te está robando tu energía. Véase *ladrón.*

PISADAS. Repasar el pasado para ver las lecciones positivas que uno ha aprendido. Unas huellas delante de ti indican el camino hacia el éxito.

PISCINA. Espejo. Sugiere descanso, relajación, ejercicio saludable. Véase *charca.*

PITÓN. Cualquier serpiente simboliza el poder del kundalini, o la fuerza vital interior. Si una pitón te está estrujando, quiere decir que tu experiencia espiritual te está ahogando; estás fuera de equilibrio. No te dejes absorber tanto por tu idea de la espiritualidad. Lo físico, lo mental, lo emocional y lo espiritual forman parte de una gran energía cósmica. Debes alcanzar el equilibrio para poder abandonar el plano terrestre. Véase *serpiente.*

PLACENTA. Resultado de una experiencia de crecimiento. Aquello que ha servido a un propósito pero que ya no sirve. Capta la esencia de la situación de aprendizaje y suelta todo lo demás.

PLAGA. Véase *enfermedad.*

PLANCHAR. Si estás planchando ropa, estás eliminando los problemas que te presionan. También, es posible que estés participando en varias actividades distintas o tengas diversos planes. Indica una fuerte voluntad.

PLANEADOR. Flotas libremente, eres sostenido. Los vientos del cambio están sobre ti; puedes volar por encima de ellos, conducir y fluir, pero no los puedes modificar. Es fácil y sencillo si te relajas y vas con la corriente. Véase *avión.*

PLANETA. Idea, comprensión de gran importancia. Maestro, lumbrera. Cada planeta tiene una inteligencia o una vibración y está conectado con todos los demás cuerpos celestes. Velocidad vibratoria espacial en relación contigo mismo y los demás. Influencia cósmica, energía, conciencia expandida. Armonía del movimiento cósmico. Propósito, diseño. Por las noches abandonamos el cuerpo mientras dormimos para estudiar en los distintos planetas, incorporando las lecciones que cada uno de ellos nos pueden enseñar: son las escuelas más avanzadas.

Sol: Luz, verdad, centro espiritual, fuerza de Dios, luz de Cristo. Poder, energía, masculinidad. Toda la vida depende de su luz; fuerza fundamental en nuestras vidas.

Luna: Inconsciente, emociones, sensibilidad, conciencia psíquica. Feminidad, intuición, creatividad. Reflectora de luz y verdad.

Mercurio: Mente, pensamiento, comunicación, intuición, mutabilidad. Mensajero de los dioses.

Venus: Amor, belleza, armonía, amabilidad, emoción, feminidad.

Tierra: Crecimiento, aprendizaje, anclaje, conciencia del espacio-tiempo. Centrarse, compasión, creatividad.

Marte: Actividad, aventura, firmeza, energía sexual. Agresividad, hostilidad, pasión.

Júpiter: Expansión, riqueza, abundancia de conocimientos y expresiones espirituales, benevolencia, suerte.

Saturno: Disciplina, aprendizaje, lentitud de tiempo y producción; refinamiento.

Urano: Despertar, trascendencia, fluctuaciones repentinas, cambios, impacto. Extremos, habilidades inusuales.

Neptuno: Inconsciente, misticismo, yo interior, conciencia psíquica.

Plutón: Desarrollo consciente, transformación, expansión espiritual.

PLANTA. Crecimiento. Dependiendo del número, el tamaño y la cualidad, representa aspectos del crecimiento en tu vida.

PLÁSTICO. Artificial; flexible, adaptable, insensible.

PLATA. Protección espiritual. Luz, verdad.

PLAYA. Línea fronteriza o puente entre el consciente y el inconsciente. Estar en la playa te permite extraer gran cantidad de energía del océano, utilizando el poder del inconsciente para centrarte y actualizar tus metas en la vida. La arena es una energía sanadora, que te centra. Si eres arrojado a la playa por una ola o un pez, esto indica que ahora tienes tiempo para reagrupar y acumular energía después de haber pasado por un período emocional. Si te has quedado solo en una costa desierta, es que te has desconectado de la riqueza de tus recursos inconscientes. Vuélvete hacia tu interior y encontrarás la solución que buscas.

PLEXO SOLAR. Véase *estómago*.

PLOMO. Peso, pesadez en la vida. Estás cargado de preocupaciones innecesarias.

PLUMA. Ligereza, pensamientos edificantes. Una pluma en tu gorra es un trabajo bien hecho; un talento o atributo que has desarrollado

PLUMA ESTILOGRÁFICA. Instrumento para escribir; la capacidad de expresarte y de comunicarte.

POBRE. Alguien pobre de espíritu. Negar el propio Yo-Dios, los dones, talentos y oportunidades para servir a los demás. No ver tu propia valía.

POBREZA. No estás utilizando tu potencial o viendo cuánto vales. Pobre de cuerpo, mente o espíritu. Medita, aumenta tu energía y usa tus habilidades.

POEMA. Inspiración, creatividad; mensaje de tu guía.

POLEN. Esparcir algo, compartir. Fértil con nuevas ideas. También, irritante.

POLICÍA. Dispones de ayuda. Orientación.

POLÍTICO/A. Podría ser orientación, dependiendo del sueño. También, alguien, o una parte de ti, está intentando convencerte de una determinada manera de hacer las cosas, sin tener en cuenta las muchas variaciones y posibilidades disponibles.

POLLO. Normalmente se presenta de forma humorística: puede indicar un hombre dominado por su mujer o alguien que ha entregado su poder. Temeroso y cambiante; falta de seguridad en uno mismo; cobarde, que no soluciona sus problemas. Véanse *gallina, comida.*

POLVO. Si se trata de una mezcla, puede ser peligroso (como en el caso de la pólvora), o medicinal, o nutritivo, dependiendo de la sustancia. Si es maquillaje para el rostro, sugiere ocultar, incapacidad para ver la belleza interior. Humorísticamente, podría querer decir marcharse o partir rápidamente, como en la expresión *take a powder.*[4]

PORCHE. Extensión de ti mismo. Fíjate en los muebles, la pulcritud, los sentimientos. Si es un porche abierto, estás revelándote con lo que estás haciendo; si es cerrado, representa otra habitación de tu casa. Véase *casa.*

POSTE. Soporte. Véase *cimientos.*

POSTRE. Darte un gusto. Toda persona merece darse gustos en la vida.

POZO (de agua). Reserva, fuente de sentimientos internos. Manera de sacar fuera las emociones aprisionadas. Un pozo de los deseos transmite la idea de deseo emocional, el concentrarse en el deseo y la expectativa, actualizará las esperanzas y los sueños.

POZO NEGRO. Todos los programas negativos, las ideas negativas que estás albergando. Es el momento de limpiarte

---

4. La traducción literal de esta frase sería «tomar un polvo», y significa «dejar de hacer algo» o «marcharse rápidamente». (*N. de la T.*)

emocionalmente, liberando y perdonando a ti mismo y a los demás.

PRADERA. Lugar de descanso, relajación y seguridad que honra tu crecimiento y tus logros. Un período de renovación y disfrute antes de ascender a la siguiente montaña, tu próxima fase de aprendizaje.

PRADO. Lugar de descanso y relajación.

PRECIPICIO. Un momento en tu vida que exige un cambio radical. Si te empujan por un precipicio, o tú saltas, te están indicando que tomes una decisión, avances y te aventures en un territorio inexplorado. Caer por un precipicio también puede sugerir que estás fuera de control. No te metas en algo de lo que no podrás salir.

PREMIO. Ganar un premio significa que has manejado bien una situación o has aprendido una lección difícil. Aprecio proveniente de niveles superiores.

PREMONICIÓN. Soñar con un determinado hecho que todavía no ha ocurrido suele simbolizar tu propio crecimiento interior. Por ejemplo, soñar que uno de tus padres está muriendo indica que tu antigua manera de relacionarte con tu padre o con tu madre está muriendo o cambiando. Éste es un sueño común entre los adolescentes cuando empiezan a convertirse en adultos. Un sueño profético va acompañado de un sentimiento especial, y uno aprende a reconocer esta cualidad o nivel de conciencia mediante la experiencia. Si hay una pregunta, interpreta el sueño simbólica y literalmente, y pide una mayor clarificación en otro sueño.

PRESA. Emociones amuralladas; mantenerse a distancia de los demás. Si la presa ha rebalsado, estás liberando emociones que tenías guardadas. Véanse *castor, inundación*.

PRESENTE. Véase *regalo*.

PRESIDENTE/A. Tu propia capacidad de liderazgo. Guía.

PRESIÓN. Tensión, estrés, sobrecarga. Relájate, serénate. Examina tus actividades diarias.

PRINCESA. Véase *mujer.*

PRÍNCIPE. Véase *hombre.*

PRISIÓN. Vivimos en prisiones que nosotros mismos hemos creado. Véanse *cárcel, prisionero, criminal.*

PROFETA. Conciencia mística, guía, yo superior, maestro/conocedor.

PROGRAMA. Restricciones que te impones que te limitan. Es más importante ir lentamente y hacerlo bien. Falta de inclinación a tomar las decisiones correctas o a armonizar con el mejor programa cósmico para el crecimiento personal. La realización de objetivos es importante, pero no si sustituye el aprendizaje de tus lecciones.

PROSTITUTA. Estás utilizando mal la energía para conseguir lo que quieres. Prostituyes tus talentos y dones al no utilizar tu poder creativo al máximo, comprometiendo tus ideales. ¡Atrévete a ser tú mismo!

PROVERBIO. Enseñanza sabia, mensaje.

PRUEBA. Oportunidad para crecer y aprender. Sé consciente de lo que estás pasando; incluso las situaciones aparentemente negativas son pruebas de conciencia, tanto si ves la lección positiva y puedes superarla, como si no lo haces.

PSICÓLOGO/A. La parte de ti que es sabia, que comprende.

PUDRICIÓN. Pensamientos negativos; partes enfermizas de ti mismo. Talentos y habilidades desperdiciados por la falta de uso. Analízate, haz una limpieza, despierta a tu propio potencial, pásate a lo positivo.

PUENTE. Transición, dejar lo viejo y entrar en lo nuevo. Una nueva oportunidad de crecimiento; el umbral hacia una nueva dirección en la vida. Podría representar tender puentes entre niveles de conciencia, entre el creativo-intuitivo y el intelectual.

PUERCO. Véase *cerdo*.

PUERTA. Oportunidad de autodescubrimiento. Si está abierta, atraviésala; si está cerrada, examina el miedo o el bloqueo que están limitándote e impidiéndote avanzar.

PUERTO. Seguridad en medio de una tormenta emocional. Después del descanso y la reparación, uno debe salir si quiere continuar creciendo.

PUESTA DE SOL. El final o la conclusión de algo en tu vida.

PULCRO/A. Organizarte, empezar a asumir responsabilidades. Mente disciplinada.

PULMONES. Purificación. Véanse *corazón, chakra*.

PULPO. Si está nadando, sugiere un perfecto equilibrio y armonía en la vida emocional, un sentido cósmico de la autopropulsión, ya que el pulpo tiene ocho patas. Si está agarrando diferentes cosas, significa que uno está yendo en demasiadas direcciones, sin control. Si está emergiendo de las profundidades del mar y tiene una apariencia atemorizante, indica miedo a las profundidades emocionales desconocidas.

PULSERA. Véanse *joyas, mano*.

PULSO. El latido de nuestra vida; ritmo, armonía. Fortaleza de la fuerza vital.

PUNTAL. Herramienta para entenderte a ti mismo, algo que nos ayuda a lo largo del camino, que sostiene, que sustenta. Los puntales son temporales y, tarde o temprano, son abandonados al despertar la comprensión.

PUÑO. Agresividad, ira.

PURGATORIO. Purificación, limpieza. Examinar programas y pensamientos negativos que han estado limitando tu crecimiento.

PUTA. Véase *prostituta.*

PUZLE. No ver la imagen completa, sólo piezas del puzle de tu vida. Pensar que la vida es un rompecabezas; falta de claridad. Centra tus energías, céntrate, concéntrate en el problema y obtendrás la respuesta.

Q

QUEMAR. Purificación, limpieza. Véase *fuego.*

QUILLA. Base emocional. Véase *barco.*

QUÍMICOS TÓXICOS. Véase *veneno.*

R

RABINO. Maestro, yo superior. Véase *ministro.*

RADAR. Energía, percepción, armonización, intuición.

RADIO. Comunicación de tus guías; mensaje del yo superior.

RAÍZ. Sistema de soporte, conexión, penetrar en los niveles más profundos del ser; cimientos. Unas raíces profundas significan que uno permanece firme en medio de los cambios y los elementos de la vida. Tentáculo de apoyo, para la nutrición. Raíz de un problema.

RANCHO. Véanse *naturaleza, casa.*

RANA. Saltas de una situación a otra, sin aprender y sin resolución. Utilizada humorísticamente, tienes que besar un montón de ranas antes de encontrar a tu príncipe.

RAMA. En un árbol representa una habilidad o talento que has desarrollado; cada rama tiene sus propios atributos u hojas. También, estar en una situación difícil. Véase *árbol.*

RAMO DE FLORES. Celebración del crecimiento. Date unas palmaditas en la espalda: lo has hecho bien. Véanse también *flor, florecer.*

RAPIDEZ. Si te estás moviendo o viajando a una gran velocidad, tu vida está plena y está logrando muchas cosas; tienes muchas cosas para aprender. También indica que debes reducir la velocidad y equilibrar tus energías.

RATA. Traición a ti mismo. Chismorreo, juzgar a los demás. Dejar que las cosas te atormenten. Identifica el problema y trabaja para corregirlo.

RATÓN. Pequeño temor, o algo irritante, que te está quitando energía. Si un gato está persiguiendo a un ratón, esto indica que estás jugando al gato y al ratón contigo mismo o con otras personas. Falta de voluntad de trabajar en los problemas y resolverlos. Muchas relaciones frustrantes se basan en el plan del juego del gato y el ratón. Una persona callada, tímida, sosa, de personalidad poco fuerte.

RAYOS X. Penetración, energía concentrada; radiación electromagnética. Tener una visión interior con mayor claridad. Mira en tu interior; no te quedes en la superficie de las cosas. Se requiere una mayor profundidad para poder comprender.

REBAÑO. Muchas partes de ti mismo. Si corre alborotadamente, la energía está dispersa; si se mueve con calma, la energía está centrada. También significa seguir ciegamente, no tomar tus propias decisiones.

RECETA MÉDICA. Solución a un problema. Obtener claridad.

RED. Como un obstáculo, estás atrapado en la red o en la telaraña de tu propio pensamiento y no ves la salida; como una ayuda, una red atrapa las cosas que deseas, o puede proporcionar seguridad cuando estás trabajando para que haya equilibrio en tu vida (caminando en la cuerda floja).

REFRÁN. Un cuento, un proverbio, una creencia que has aceptado o que es una verdad para ti en estos momentos.

REGALO. Una forma de iniciación. Una palmadita en la espalda por un trabajo bien hecho.

REGAR. Emociones equilibradas, controladas; experiencias de vida enriquecedoras, que te dan vida.

REHÉN. Parte de ti mismo que es rechazada o que está prisionera.

REINA. Dependiendo del contexto del sueño, puede ser orientación, capacidad de liderazgo o características femeninas poderosas que están emergiendo en la conciencia.

RELACIONES SEXUALES. Fusión de energías, aspectos o cualidades dentro de uno mismo. Cuando uno está teniendo relaciones sexuales con una persona en particular, ello representa la unión de cualidades de dicha persona con uno mismo, y normalmente no es en realidad un sueño sexual. Tener relaciones sexuales con un miembro del mismo sexo significa una fusión de las cualidades masculinas o femeninas dentro de tu ser. También podría indicar que tienes necesidad de descargarte sexualmente para armonizar y equilibrar el cuerpo, y esto lo consigues durante el sueño.

RELÁMPAGO. Energía vigorosa, poderosa. Despertar del kundalini o la fuerza vital.

RELOJ. El tiempo es de la esencia. Sigue adelante con tu vida. Todo depende de que se haga en el momento adecuado. Fíjate en los números en el reloj o en qué hora es. Véase *números*.

REMO. Te ayuda a controlar tu barca o tu vida emocional. Sin un remo, eres incapaz de dirigir el rumbo y vas a la deriva. Un compañero o compañera que te guía.

REMOLQUE. Si estás tirando de un remolque, estás arrastrando un peso innecesario. Si te van llevando en un remolque, no tienes el control de la dirección de tu vida. Véase *pasajero*. Si vives en una caravana. Véase *casa*.

RENACIMIENTO. Despertar espiritual; nacimiento de nuevas ideas, percepciones, conciencia de uno mismo. Véase *resurrección*.

RENO. Simboliza dar una parte de uno mismo. Si se trata del reno Rodolfo[5], significa que debes dejar que brille tu luz y atreverte a ser diferente. Muestra el camino. Véase *ciervo*.

---

5. El reno Rodolfo es un personaje navideño norteamericano, uno de los renos que tiran del carro de Santa Claus. (*N. de la T.*)

REPARACIÓN. Algo necesita ser reparado. Necesitas trabajar en un aspecto de tu vida, o volver a organizarlo, o arreglarlo. Hay trabajo que hacer; es hora de arreglar las cosas. La claridad llega con el reconocimiento de la situación, determinando la acción para remediarla.

REPORTERO/A. Observar y percibir la vida de manera consciente.

REPTIL. Sangre fría. Véase *serpiente*.

RESCATE. Depende del contexto: si estás intentando ser rescatado, esto quiere decir que estás pidiendo energía y percepción para resolver un problema. Si lo pides en serio, la ayuda llegará rápidamente. Si estás rescatando a otras personas, es posible que estés percibiendo una necesidad en alguien e intentando ayudarle; o podrías estar tratando de salvar al mundo e ignorando tus propias lecciones.

RESPIRAR. Fuerza vital, kundalini. La respiración regula las funciones corporales y la conciencia: una respiración lenta significa centrarse, relajar la energía cuerpo-mente; una respiración rápida y fuerte sugiere la aceleración del poder. Si te quedas sin aire, estás desequilibrado, yendo demasiado rápido: reduce la velocidad y reorganízate.

RESTAURANTE. Un montón de opciones para el sustento y la alimentación. Necesidad de cariño, comunicación, o compartir necesidades. Si estás comiendo algún alimento en especial, es posible que lo necesites, las vitaminas y minerales o su contenido particular de vitaminas y minerales en tu dieta.

RESURRECCIÓN. Comprender la vida, la muerte y el renacimiento. Darte cuenta de que aquello que nos rodea que llamamos vida es sólo una ilusión; trascender la tercera dimensión para poder trabajar en los niveles vibratorios. Iluminación; capacidad de trascender las dimensiones a voluntad. Despertar la naturaleza espiritual en tu interior, lo cual representa la idea, sumamente malinterpretada, de la segunda venida. Soñar con la resurrección indica que la percepción, la energía, la conciencia, el conocimiento de ti mismo, han resucitado, a muchos niveles distintos, de cualquiera de las diversas situaciones por las que has pasado.

RETIRO. Poca energía; necesidad de cuidados. Cuando te retiras de una situación, no tienes la energía para enfrentarte a ella y necesitas recargarte. Estar en un retiro espiritual, o en un lugar de descanso, sugiere la necesidad de entrar en tu interior y utilizar los recursos internos para la renovación y la comprensión. Sanación.

RETRASO. Restricción autoimpuesta. O no es el momento propicio para seguir adelante. También, el temor a tomar decisiones erróneas: confía en tu guía interior y avanza.

RETRATO. Pintura de uno mismo tal como uno se ve a sí mismo. Si no reconoces el retrato, se trata de un aspecto de ti que todavía no conoces a nivel consciente.

REUMATISMO. Cerrado; falta de comunicación verbal; represión. Inflexibilidad en las actitudes y poca disposición a moverte. Examina tus ideas y suéltate.

REUNIÓN. Consideración de ideas, objetivos. Unir las cosas. Integrar partes del ser. Véase *multitud.*

REVERENCIA. Honrar al Dios interior; reconocer y honrar una parte de ti.

REVISTA. Breve porción de tu vida; reflexiones sobre un capítulo del vivir. Véase *libro.*

REVOLUCIÓN. Algo que está dando vueltas, haciendo un giro completo, significa que estás retomando tu camino; estás en el punto de empezar con más experiencia, con una mayor conciencia. Una revolución parcial es un cambio de dirección. Una revuelta sugiere que se está librando una guerra en tu interior, normalmente entre el intelecto y la intuición. Ha llegado el momento de realizar un cambio, y debes tener claridad en cuanto a tus creencias y a lo que está guiando tu vida.

REVÓLVER. Véase *arma de fuego.*

REY. Omnipotencia, poder; Dios. Riqueza de conocimientos, conciencia de la propia valía personal, reconocimiento del poder interior. Gobernador de tu propia vida; responsable de ti mismo. Cómo utilices el poder creativo, ya sea sabia o tontamente, es tu responsabilidad.

REZAR. Refinar la propia conciencia, tener claros tus objetivos, necesidades y deseos. Dios sabe lo que quieres, pero tú también debes saberlo para poder manifestarlo. Necesidad de dedicar más tiempo a la espiritualidad en tu vida; comunión con el yo superior.

RIACHUELO. Si está seco, significa que actualmente no está ocurriendo nada emocional en tu vida. Si hay agua, fíjate en su fluir: si es suave, hay armonía; si es fuerte, estás pasando por un momento difícil. Véase *arroyo*.

RICO/A. Ideas ilimitadas, talentos creativos y habilidades que se encuentran en tu interior. Tienes las técnicas, los talentos y las habilidades necesarios para crear lo que deseas en la vida.

RIESGO. Sé cauto. Examina tu dirección cuidadosamente.

RIFLE. Véase *arma de fuego*.

RÍO. El río de la vida; el fluir de tu propia vida. Si estás nadando contra la corriente, relájate y aligera las exigencias que has estado imponiéndote. Si estás intentando cruzar al otro lado de un río y no encuentras la manera de hacerlo, estás temporalmente bloqueado al enfrentarte a una situación emocional. Crea una nueva ruta en tu interior, una perspectiva más amplia, para poder resolver la situación.

RIQUEZA. Conocimiento, sabiduría, comprensión, poder creativo. La riqueza de ideas para alcanzar los objetivos deseados está en tu interior.

RISA. Sanación, energía edificante. No te tomes demasiado en serio; relájate y disfruta de ti y de los demás.

ROBAR. Véase *ladrón*.

ROBLE. Enorme fuerza interior. Véase *árbol*.

ROBO. Perder energía. Detente y observa a quién le estás entregando tu poder.

ROBOT. Encerrado en el intelecto. Respuestas a la vida mecánicas, sin sentimiento.

ROCA. Fuerza, contacto con la tierra, poder personal.

RODILLA. Tu sistema de apoyo. Necesitas ser más flexible.

ROER. Algo te está comiendo por dentro, molestándote, quitándote energía. Examina tu nivel de estrés, de ansiedad, de miedo; libérate de las cargas que te sobran y del pensamiento negativo.

ROJO. Fuerza vital, fertilidad, energía, pasión; también ira, emociones incontroladas. La vibración más baja en el espectro visual del color. Podría indicar que necesitas más energía. Véase *color*.

ROLLO DE ESCRITURA. Verdades poderosas. Tu libro de la vida.

ROLLO DE PELÍCULA. Cómo ves el pasado, el cual podría estar ayudándote o estorbándote; normalmente, se trata de viejos recuerdos y de tu interpretación de la vida. También podría ser una proyección del futuro, de modo que presta atención a lo que estás creando.

ROMPER. Romper algo es realizar un cambio, hacer que la ilusión se desvanezca. También indica que uno está presionando demasiado y que necesita ir más despacio. Falta de conciencia.

ROPA. Los papeles que interpretas o los juegos a los que juegas, las actitudes que tienes. Un sueño con trajes de época puede sugerir una experiencia de una vida anterior, que se presenta porque las lecciones por las que estás pasando ahora son las mismas a las que te enfrentaste entonces.

ROPA INTERIOR. Cobertura o protección de uno mismo. Parte de uno que todavía se esconde de la verdad.

ROSA. Amor, belleza, inocencia. El color rosa significa amor. Véase *flor*.

ROSARIO. Forma de meditación, centrando la mente en un punto. Necesidad de centrarte, de concentración.

ROSTRO. Un rostro desconocido podría representar una parte desconocida de uno mismo, masculina o femenina. También, enfrentarse a una situación; no esconderse. Un rostro brumoso o poco nítido suele representar a un maestro.

RUBÍ. Amor valioso, gran energía. Fertilidad y expansión. Utilizado en la Edad Media por la realeza para tener fertilidad.

RUEDA. La rueda de la vida, el ciclo eterno. El yo que se encuentra con el yo. La rueda de la fortuna. La rueda del karma; el carrusel de sembrar y recoger. También, facilidad para moverse; movilización.

RUGIDO. Ira, agresividad, miedo; sentimientos que emergen del inconsciente.

RULETA. Correr un riesgo. Examina las decisiones que has tomado, lo que estás haciendo; estás jugando y podrías acabar donde no querrías estar. Asume la responsabilidad para crear lo mejor que puedas. Rueda del karma. Véase *karma*.

RUTINA. Estás atrapado en tus hábitos, creencias, programas. Aburrimiento. Despierta y sal de la rutina.

SÁBANAS. Receptividad, apertura, sensibilidad, feminidad; explorar la sexualidad, el inconsciente. Unas sábanas limpias en una cama indican un nuevo comienzo; has eliminado lo negativo. Dormir sobre las sábanas sucias de otra persona significa que uno está adoptando sus proyectos y vibraciones, los cuales uno no necesita. Fíjate en el color. Véase *cama*.

SABOTAJE. Tendencias autodestructivas que son un obstáculo para el éxito y el crecimiento.

SACERDOTE. Yo superior, maestro espiritual, guía. Véase *monje*.

S

SACRIFICIO. Martirio; no tienes que sacrificar tu energía, tus ideales y tus objetivos para ti y para los demás. Lo único que necesitas sacrificar es el pensamiento negativo y las tendencias destructivas (incluido el martirio) que te limitan.

SAGRADO. Algo sagrado o santificado indica que has invertido poder en algo, aparte de tu maestro interior. Toda la vida es sagrada. Véase *santo*.

SALARIO. Los frutos de tu trabajo; sembrar y recoger. Experimentar las recompensas del trabajo creativo nos proporciona seguridad en nosotros mismos, aprecio, fuerza. Contrato. Véase *dinero*.

SALIDA. Oportunidad para dejar una situación dada. Una elección.

SALIDA DEL SOL. Nuevos comienzos. La energía está aumentando.

SALIVA. Normalmente deseoso de iniciar algún proyecto o situación en tu vida, ansioso por ponerte en marcha.

SALÓN DE BELLEZA. Aumenta tu autoestima. Crea una mejor imagen de ti mismo.

SALTAMONTES. Saltando de un sitio a otro. Buscando crecimiento.

SALTAR. Dar un salto hacia algo nuevo. Avanzar. También, que debes mirar antes de saltar.

SALUDAR. Saludar a alguien agitando la mano indica reconocimiento, dar la bienvenida, amor.

SALVAVIDAS. Orientación, yo superior protector. Seguridad en las aguas emocionales.

SANADOR. Yo superior, Cristo interior, sanador interior. Sabiduría del yo que corrige y equilibra, purifica y limpia.

SANGRE. Fuerza vital o energía. Si estás sangrando, estás perdiendo energía; alguien está quitándote energía, o te estás quedando sin energía debido a las preocupaciones, el miedo o una falta de equilibrio. Fíjate en qué zona del cuerpo está sangrando. Véanse *partes del cuerpo, chakra*.

SANGUIJUELA. Algo te está quitando energía. Detente y fíjate a quién o a qué le estás entregando tu poder. Véase también *parásito*.

SANTA CLAUS. Forma humorística de decir que se te está presentando un regalo.

SANTO/A. El Espíritu Santo o el Yo-Dios; el ser interior reverenciado; conciencia espiritual. Toda vida es sagrada; Dios es el medio en el cual todas las cosas viven, se mueven y tienen su existencia. Algo que has investido de poder. Devuélvele el poder al maestro interior. Maestro, guía, ser sabio, yo superior. Si se trata de un santo o una santa en particular, podrían ser cualidades que están dentro de ti, que necesitas reconocer en estos momentos; o un mensaje especial de un maestro superior.

SANTUARIO Refugio dentro de uno mismo para obtener alimento, sanación y paz. Nivel de conciencia sumamente personal y necesario.

SAPO. Véase *rana*.

SASTRE. Diseñar un nuevo papel para ti; reparar o modificar un viejo papel. Véase *ropa*.

SATANÁS. Véase *diablo*.

SATÉLITE. Comunicación del yo superior; entrar en una nueva órbita. Conciencia espiritual. También, seguidor de las creencias de otra persona; eres un satélite, pues dependes de la energía de otro, en lugar de generar la tuya. Véase *planeta*.

SECRETO. Algo que sabes pero que no quieres admitir o contar. Algo ocultado a la conciencia por elección propia. Todos los secretos están en tu interior, pero cuando preguntes algo, debes hacerlo con seriedad y debes desear realmente oír la respuesta.

SECRETARIO/A. El aspecto servicial, eficiente, de uno mismo. Podría reflejar una sobrecarga de trabajo o una falta de organización; necesitas una secretaria o un secretario, la capacidad de identificar las prioridades y llevar a cabo lo que se tenga que hacer.

SECUESTRO. Robar de una parte de ti. Si un niño es secuestrado, indica que estás intentado llevarte tu naturaleza infantil. Examina de qué forma estás saboteando tu totalidad.

SECUOYA. Es el árbol con mayor energía. Poder, fuerza, sabiduría. Estar anclado en la realidad física pero siempre intentando alcanzar los Cielos o la sabiduría del yo superior. Véase *árbol.*

SED. Anhelo de conocimiento.

SEDA. Fortuna y riqueza. Conductora de energía, calmante para los sentidos y los nervios. Sensualidad; suavidad, tersura, capacidad de fluir.

SEDANTE. Estás tenso: relájate, serénate. Toma el control, tu propia responsabilidad, en lugar de depender de algo exterior a ti.

SELLO. Sello de aprobación. Energía emocional, extraña pero alegre.

SEMANA. Unidad de tiempo. Véanse *tiempo, números (7).*

SEMEN. Ideas creativas, poder, energía. Masculinidad. Véase *esperma.*

SEMILLA. Nuevo comienzo, potencial. Si estás echando o plantando semillas, estás construyendo un futuro de abundancia. Lo que siembres, recogerás.

SENDERO. Nuestra dirección en la vida. Fíjate si vas hacia arriba (la dirección correcta) o hacia abajo (la dirección errónea). Véase *camino.*

SENSUAL. Sentir o experimentar sensualidad refleja la necesidad de amor y cariño, o de cuidar de tu cuerpo, de cuidar lo físico y honrarlo. Entra en contacto con tu propia sexualidad.

SENTARSE. Mira antes de saltar. Detente, relájate y recarga tus baterías antes de seguir adelante.

SENTIMIENTO. La cualidad de un sentimiento dentro de un sueño es importante. Fíjate si te sientes asustado, cansado, confuso, poderoso, feliz, apoyado, etc. El sentimiento o la sensación en un sueño te ayuda a comprender aquello en lo que estás trabajando.

SERPIENTE. Poder del kundalini; fuerza vital, energía creativa, Espíritu Santo, poder sanador en tu interior. El kundalini se aloja en la base de la columna vertebral y asciende por ella, despertando los chakras o centros de energía. Si te muerde una serpiente, significa que la energía está intentando abrirse paso en esa zona concreta de tu cuerpo. Por ejemplo, si una serpiente te muerde en la zona del corazón, indica la apertura del amor y los sentimientos; en la garganta, indica expresión verbal y comunicación. La gente sueña a menudo con serpientes que entran en su cuerpo, lo cual es el despertar de esta energía. Las serpientes son un símbolo poderoso que jamás debe ser temido. Representan el despertar o la continuación del crecimiento espiritual.

SETO. Crecimiento; si se alinea a lo largo de tu sendero o camino, sugiere protección espiritual y orientación. Si lo bloquea, te están encerrando; demasiadas cosas en tu vida, ideas en conflicto, exigencias de tiempo.

SIDA. Véase *cáncer*.

SIERRA. Herramienta para construir, podar, y que debe ser utilizada de forma responsable.

SILBIDO. Atención.

SILLA. Tus actitudes, tu posición en la vida; cómo te ves, tu identidad. También, ofrece consuelo y te centra, especialmente si se trata de una mecedora: el balanceo aumenta y centra la energía.

SILLA DE MONTAR. Cargar con una situación innecesaria. También, protección y comodidad, como cuando montas un animal.

SIMIO. Poder instintivo o primitivo, sexualidad y fuerza. Payasadas divertidas; imitar a otros en lugar de ser tú mismo. Véase *animal.*

SIRENA. Véase *alarma.*

SOBRE. Algo que cubre o contiene. Indica noticias o un mensaje. Véase *carta.*

SOFÁ. Utilizado como el diván de un psiquiatra, representa la necesidad de conocerse a uno mismo, de examinar los programas y las creencias a un nivel más profundo. Si se trata de un sofá en el salón de tu casa, simboliza algo que está ocurriendo en tu vida cotidiana; fíjate en el color, el tamaño y la forma.

SOL. Cristo, el Dios interior. La luz de Dios, el ojo de la verdad. Poder, energía, claridad, conocimiento. Aquello que crea vida, que cría y sustenta. La luz de tu ser. Véase *planeta.*

SOLDADO. Véase *militar.*

SOMBRA. Protección, refrescarse, como cuando uno está bajo la sombra de un árbol. Miedo, ilusión, que te persigue. La parte desconocida de ti mismo. Enfréntate a tu sombra y hazte amigo de ella para comprender lo que te muestra de ti mismo.

SOMBRERO. El papel o los papeles que interpretas; tu forma de presentarte ante los demás que no es la plena expresión de quien realmente eres. Véase *gorra.*

SORDO/A. Cerrar los oídos a la verdad. Oyes pero no entiendes, o eliges no escuchar porque ello significaría asumir la responsabilidad de cambiar y crecer.

SÓTANO. Si estás en el sótano de una casa o de un edificio, estás trabajando con la energía sexual, comprendiendo tu conciencia y expresión sexuales. Las personas, objetos y experiencias reflejan tu uso de la energía sexual, el grado de apertura o de represión.

SUBASTA. Liberarte de pensamientos, cosas y experiencias no deseados. Una subasta por elección significa que te has beneficiado del pasado y estás avanzando; una subasta a la fuerza significa que te estás resistiendo a los cambios, albergando viejas ideas y resentimientos. Comprar objetos subastados podría ser positivo o negativo, dependiendo de su calidad y lo deseables que sean.

SUBMARINO (nave). Entrar en las profundidades emocionales desconocidas de ti mismo para comprender. Una señal muy saludable.

SUBMARINISMO. Sólido apoyo emocional, protección; te permite explorar las aguas emocionales y el inconsciente con gran protección y perspectiva.

SUBMARINISTA. Estás estancado en los mismos viejos proyectos y emociones, subiendo y bajando. Sal de ahí y ocúpate de actuar de forma responsable.

SUBTERRÁNEO. El inconsciente.

SUELO. Base, apoyo; aquello en lo que basas tu vida. Si es un suelo de tierra, no estás creando una buena base.

SUEÑO. Soñar que estás soñando indica una mayor conciencia en el estado del sueño. Cuando tomas conciencia de que estás soñando, puedes tomar el control y hacer cualquier pregunta que se te ocurra para comprenderte mejor. Ésta es una gran oportunidad para conocerte a ti mismo sin que se interponga la mente consciente.

SUICIDIO. Eliminar aspectos de uno mismo, el espíritu creativo. Darse por vencido, abandonar, no enfrentarse a un problema. Autodestrucción. Aumenta tu energía y deja tus programas negativos. Advertencia.

SUMERGIR. Hundirse emocionalmente. Aumenta tu energía. Véase *ahogarse*.

SUR. Conciencia espiritual; integrar la conciencia superior en la vida cotidiana. También, lentitud y una forma de vida relajada, como los estereotipos del modo de vida de los sureños.

SUSURRO. Falta de claridad en la comunicación. Refrenarse; miedo a una plena expresión. Pasividad; ocultar secretos, no ser abierto. Atrévete a ser tú mismo.

T

TABERNÁCULO. El templo interior de la humanidad, el Sagrado entre lo Sagrado, que representa el alma o el Yo-Dios. Véase *iglesia*.

TALADRO. Abrirte paso para tener nuevas percepciones y una nueva comprensión.

TALMUD. Enseñanzas espirituales. Mensaje del yo superior.

TALÓN. Punto vulnerable, como el talón de Aquiles. Véase *cuerpo*.

TAMBOR. Pulso o ritmo de la vida. Latido del corazón, ondas cerebrales. Comunicación, mensajes.

TANQUE. Un tanque militar indica agresividad, hostilidad, guerra; protección. Un «tanque de pensamiento» (un gabinete de expertos) es un lugar en el que se almacenan o se germinan ideas. Energía o combustible almacenado, como en un tanque de gasolina. Un tanque de agua refleja emociones guardadas o reprimidas; pesadez.

TAPETE. Véase *alfombra*.

TAPICERÍA. Cobertura. Tapizar es arreglar, renovar, cambiar la propia imagen.

TAPIZ. Diseño de tu propia vida; las diversas experiencias entretejidas para crear un diseño de vida. Hasta que mueres, ves únicamente los nudos que están detrás del tapiz; llegado ese momento, ves el diseño de la parte delantera, con toda su belleza y simetría.

TARDE. Estás perdiendo oportunidades. Indisciplinado, irresponsable. El tiempo es esencial. Debes estar preparado.

TARJETA DE CRÉDITO. Conseguir algo por lo que tendrás que pagar más adelante. Nada es gratis; tendrás que ganártelo.

TARTAMUDEO. Poco dispuesto a expresar los sentimientos verbalmente; no saber si uno quiere comunicar sus necesidades y deseos. Inseguridad, falta de confianza. Véase *garganta*.

TATUAJE. Identidad del ego. Véase *cicatriz*.

TAXI. Una identidad temporal, estás en transición.

TÉ. Estimulante, relajación. Interacción social. Ritual para centrarse espiritualmente, compartir con los demás. Tómate un descanso.

TEATRO. La vida es un escenario para el crecimiento de uno mismo. Véase *escenario*.

TECHO. Protección, dependiendo del estado del techo. Un techo plano te desconecta de la energía. Examina la estructura y la forma, si tiene forma de cúpula, a dos aguas, etc. Cubierta o protección necesaria para el chakra de la coronilla.

TEJER. Componer, reparar, crear. Mantener la unión; no dispersarse.

TEJIDO. Red o enredo. Véanse *telaraña, araña*.

TELA. El diseño de tu vida. Tú eres el tejedor de tus experiencias, que crea belleza o caos. Véase *tejer*.

TELARAÑAS. Talentos que no son utilizados, ideas que no son puestas en práctica. Habilidades que no se aprovechan.

TELÉFONO. Si estás haciendo una llamada, estás pidiendo ayuda o comprensión en una determinada situación; o es necesario que lo hagas para tener claridad. Si alguien te está llamando, normalmente representa que tus guías están tratando de llamar tu atención con un mensaje importante. Examina detenidamente cualquier sueño en el que aparezca un teléfono.

TELÉGRAFO. Señales que envías y recibes de otros. Siempre estás en proceso de comunicación con el mundo que te rodea. Tu capacidad de permanecer centrado y controlar tus emociones depende de tu nivel de energía.

TELEVISIÓN. Estimulante, relajación. Interacción social. Ritual para centrarte espiritualmente, compartir con los demás. Tómate un descanso.

TEMPLO. Templo interior. Véase *iglesia.*

TENDEDERO. Utilizado humorísticamente, indica que te fijes en tus «cuelgues». La ropa representa los papeles que interpretas. Véase *ropa.*

TENEDOR. Utensilio para alimentarte a ti mismo.

TENIS. Véase *juego, balón.*

TERAPEUTA. Alguien que nos ayuda a tomar distancia para que podamos ver de qué manera estamos creando nuestras propias lecciones. Véase *psicólogo.*

TERMINAR. Conclusión. Has terminado lo que empezaste y ahora puedes establecer nuevas metas.

TERMO. Contenedor emocional; mantiene los sentimientos fríos o calientes contenidos.

TERMÓMETRO. Utilizado como indicador emocional, refleja si nuestras emociones son frías, tibias o calientes. Si marca una temperatura extremadamente elevada, estás en una situación difícil o estás siendo muy impetuoso. Si se utiliza como indicador de energía, refleja el nivel de motivación y el grado de claridad. Si es bajo, no hay comprensión ni motivación. Si es elevado, hay percepción y dirección.

TERNERO. Juventud, alegría, actitud juguetona. Matar a un ternero que ha sido engordado indica abundancia, celebración.

TERREMOTO. Dependiendo de la magnitud del terremoto, indica un cambio repentino grande o pequeño en la vida cotidiana. Véase *desastre.*

TERRENO. Estar en contacto con la tierra, nutrición, estar a salvo de la confusión emocional. Cimientos, orientación sólida, dependiendo de la apariencia.

TERRORISTA. Energía sexual no controlada (segundo chakra). Resentimiento, miedo, ira, frustración debido a la represión. Energía no guiada, mal dirigida, que no resolverá el problema porque está dentro de ti. Mira en tu interior mediante la meditación y encuentra la causa de tu propio dolor. Redirige y controla la energía con una expresión de ti mismo positiva, creativa.

TESORO. Riqueza de talentos, habilidades, poder creativo interior. Dones del espíritu de los que todavía no eres consciente. Oro interior, luz o fuerza de Dios.

TESTÍCULO. Poder, masculinidad; fuente de creatividad. Véase *genitales, esperma, castrar.*

TÍA. Parte femenina del yo. Las cualidades o características que tú identificas con esta persona en particular son aspectos proyectados de ti. Véase *mujer.*

TIARA. Véase *corona.*

TIBURÓN. Peligro poderoso, inminente, que amenaza con quitarte tu energía emocional. Normalmente se trata de una advertencia: no entres en las aguas emocionales que estás considerando, o experimentarás una pérdida de energía sustancial. Amenaza a tu equilibrio emocional. Asume la responsabilidad de ti mismo y actúa en consecuencia.

TIEMPO. El tiempo es una energía que nos permite experimentar y refinar nuestro poder creativo. Toda la vida depende de ciclos de tiempo; todo tiene su propia estación. Desde el nacimiento hasta la muerte, es el ciclo de la vida, con muchos pequeños ciclos entremedio. Nos movemos conscientemente a través del proceso del tiempo; todo es dinámico, cambiante; nada es estático. Es el que perpetúa la ilusión; todas las cosas que dependen de él son temporales, siempre efímeras. Fluir con la vida es usar plenamente la energía del tiempo, manifestar nuestros objetivos y deseos sin esfuerzo. Somos seres interdimensionales, y cuando comprendemos nuestra naturaleza superior, dejamos de estar limitados por el tiempo.

TIEMPO (meteorológico). Temperamento emocional. Fluir de la buena o mala fortuna en la vida. Ciertamente, tú eres quien crea ese fluir.

TIENDA. Varias oportunidades y herramientas necesarias para crecer están a tu disposición. Buscar nuevos papeles que interpretar en la vida. Véanse también *mercado, grandes almacenes.*

TIENDA DE CAMPAÑA. Identidad, actitud o creencia temporal, ya que una casa eres tú. Impermanencia, base cuestionable.

TIERRA (planeta). La madre Tierra, la energía divina femenina, receptiva, que alimenta, sustentadora. El útero de la vida, que da forma y sustancia al espíritu. La experiencia del yo en el tiempo: la Tierra abarca el pasado, el presente y el futuro. Humanidad; naturaleza sensual temporal. Escuela para el aprendizaje y el crecimiento; hogar temporal. Véase *planeta.*

TIERRA. Anclarse. Poner las manos en la tierra tiene un efecto sanador en el cuerpo y te centra. Si es un suelo de tierra, trabaja en tus cimientos; si es una carretera de tierra, indica que tu camino es accidentado, pero que llegarás a tu destino. Una gran área de tierra sin vegetación significa una falta de crecimiento en tu vida. Si algo está sucio, empieza a comportarte de forma responsable.

TIGRE. Poder, fuerza. Miedo a tu propia ira, o a la de otra persona. Feminidad.

TIMÓN. Si estás al timón, controlas tu vida emocional y puedes guiarte en situaciones tormentosas. Si no lo estás, estás subiendo y bajando en los mares emocionales de la vida, vas a la deriva y no aceptas la responsabilidad de ti mismo. Véase *remo.*

TINTA. Medios de expresión creativa. Véase *mancha.*

TINTE. Si estás tiñendo algo, como por ejemplo un mueble, fíjate en el color. Podría significar alegrar, rehacer.

TÍO. Véase *hombre.*

TIQUE. Oportunidad para una nueva experiencia; un billete de avión, una entrada para el cine, etcétera.

TIRITA. Intentar cubrir venenos que vienen del interior. No los cubras. Deja que salgan para que puedas sanar.

TÍTERE. Permitir que otros te manipulen; entregar tu poder. Si tú estás manejando el títere, estás intentando controlar y manipular a otras personas.

TIZA. Medio de expresión de uno mismo. Búsquese el color.

TOALLA. Calidez y protección después de un período de limpieza. Seguridad.

TOBILLO. Es importante asegurar la locomoción, el movimiento; flexibilidad y apoyo. Véase *cuerpo*.

TOCÓN. El crecimiento ha sido cortado; planta un nuevo árbol. Algún problema te tiene perplejo. ¡Intenta resolver los problemas con tus sueños!

TONTO. Véase *idiota*.

TORMENTA. Chaparrón emocional. Están teniendo lugar muchos cambios interiores; limpieza y purificación. Emociones reprimidas, miedos y ansiedades han salido a la superficie. Soltar una frustración. Las cosas parecen peores antes de la tormenta. Cuando el cielo se haya despejado, te sentirás renovado.

TORNADO. Véase *huracán*.

TORNO DE BANCO. Ser apretado hasta el punto de ruptura. Examina las situaciones de presión en tu vida y suéltate. Fuerza, agarrar.

TORO. Fuerte; terco, testarudo. Agresividad masculina.

TORRE. Poder espiritual, punto de claridad, visión. Si estás encerrado en una torre, estás en la torre de marfil del intelecto, desconectado de otros aspectos de ti.

TORTUGA. Moverse lentamente, ser lento para realizar cambios. Se mete en su caparazón a la menor provocación. Tenacidad. El caparazón significa protección, seguridad.

TÓTEM. Intuición; mensaje del inconsciente; identidad espiritual.

TRACTOR. Poder para trabajar en ti mismo: decide lo que quieres sembrar y recoger, porque tienes un enorme poder para conseguir exactamente lo que pides. Es el momento de preparar la tierra para sembrar semillas de percepción. Véase *bulldozer.*

TRAMPA. Limitarse, confinarse a uno mismo. Tú mismo creas las trampas. Te estás saboteando con dudas, inseguridad y miedo. Recupera tu poder y atrévete a ser tú mismo. Recuerda que las trampas son ilusiones.

TRANCE. Si estás en un trance, podría significar que estás «colocado», que no estás con los pies en la tierra o que no estás viendo las cosas con claridad. También indica utilizar una habilidad creativa superior, percepción, conocimiento.

TRANSPARENTE. Claro, que se entiende fácilmente. Transmite luz, energía, de modo que se percibe fácilmente.

TRANSPIRAR. Liberación emocional, nerviosismo, miedo. Enfriar una situación acalorada.

TRAPECIO. Ideas de principios morales sumamente elevados; inspiración osada. Balancearse hacia atrás y hacia delante; indecisión.

TRAPOS. Es hora de hacer limpieza. Ideas y energía desperdiciadas. Si estás vestido con harapos, véase *pobreza.*

TREN. Si estás en la locomotora, ello indica un enorme poder para realizar tus objetivos. Si es un tren de pasajeros, estás llevando a muchas personas, arrastrándolas, lo cual podría ser un peso innecesario. Si se trata de un tren de mercancías, estás moviéndote con una carga muy pesada. Véase *pasajero.*

TRENZA. Fortaleza espiritual; unidad; entrelazamiento de cuerpo, mente y espíritu. Véase *cuerda.*

TRIÁNGULO. Trinidad; cuerpo, mente y espíritu. Poder, integración, equilibrio.

TRIBUNAL. Ir a un juzgado o estar en la sala del tribunal indica que te estás juzgando a ti mismo, quizás impulsado por culpas y temores ocultos. El juez y el jurado representan a tu yo superior, tu guía o tu crítico. Véanse *juez, jurado*.

TRIGO. Véase *cereal*.

TRILLIZOS. Tres nuevos comienzos están llegando a tu vida. Véase *trinidad*.

TRINIDAD. Padre, Hijo y Espíritu Santo; cuerpo, mente y espíritu; aspectos de adulto, padre o madre, e hijo en uno mismo. Véase *triángulo*.

TRIPAS. Si estás esparciendo tus tripas, estás contando tu vida y milagros, sacándolo todo fuera; los sentimientos. Ver la verdad en una situación, o la necesidad de hacerlo.

TROFEO. Véase *premio*.

TRONO. Asiento de poder.

TRUCOS. Pueden usarse humorísticamente como una señal de que debes alegrarte; o estás haciendo numeritos para ti mismo.

TRUENO. Recuerdo de las emociones y sentimientos reprimidos. Advertencia de una ira, una hostilidad en el interior. Consecuencia del kundalini o una liberación de poderosa de energía.

TUBO. Conductor de energía. Cada ser es como un tubo y la energía fluye a través de él. Capacidad de utilizar niveles de poder superiores, de conectar los aspectos consciente e inconsciente de ti mismo.

TUMBA. Las profundidades limitadoras que uno crea para sí mismo. Incapacidad de pasar a la acción. El pensamiento negativo moviliza la energía y te ayuda a salir de ahí. El yo tiene que volver a lanzarse hacia la vida; nadie más puede hacerlo por nosotros. Véanse *muerte, ataúd*.

TÚ MISMO/A. Verte en un sueño representa roles del pasado o del presente. Todas las personas y símbolos son aspectos de ti.

TUMOR. Necesidad de cambiar un sistema de creencias que no son sanas para tu crecimiento. Véase también *cáncer.*

TÚNEL. Pasaje por los niveles de conciencia hacia una nueva percepción, hacia una realidad expandida. La visión de túnel indica estrechez de miras.

TURQUESA. Sanación; calmante; serenidad; espiritualidad.

U

UNICORNIO. Poder místico que apunta a los Cielos.

UNIDAD DE CINTA. La mente subconsciente, donde se almacenan todas las cintas. Puedes escuchar la que tú quieras.

UNIFORME. Cómo te presentas ante los demás. Rigidez en la expresión de ti mismo. Suéltate, sé más flexible y más seguro de ti mismo.

UNIVERSIDAD. La oportunidad de aprender enseñanzas superiores. Véase *escuela.*

UÑA. Protección para las partes suaves de ti mismo. Crecimiento que está teniendo lugar. Dependiendo de cómo se use, puede representar mantener unido, crear fuerza y apoyo; o, si te estás comiendo las uñas, significa que estás haciendo que la vida sea mucho más difícil de lo que debería ser, que no estás viendo con claridad.

UVAS. Nutrición para el alma; cosecha de dulzura. Véase *fruta.*

V

VACA. A menudo utilizada como un símbolo sagrado, representa la nutrición y la alimentación; el sustento a través del amor. Maternidad.

VACACIONES. Tiempo para tomarte un descanso de las creencias y opiniones que abrigas, para entrar en tu interior y echar una mirada renovada a los nuevos y expansivos recursos internos. Tiempo para jugar, relajarte y reconstruir.

VACÍO/A. Falta de amor a uno mismo. No hay energía; no usas tus propios recursos. Concéntrate en el yo creativo para un nuevo crecimiento.

VACÍO. Pasar el aspirador es limpiar, retirar el polvo y la suciedad. Crear un vacío en tu interior es eliminar la negatividad, prepararte para lo nuevo. Asegúrate de introducir lo positivo. Uno no puede vivir en un vacío, sino que debe llenar su ser con pensamientos creativos.

VACUNACIÓN. Protección. Capacidad de pasar por las experiencias sin aprensión, ni preocupación.

VAGABUNDO. Falta de identidad temporal.

VAGINA. Receptividad, apertura; feminidad, sensibilidad. Camino a la seguridad para el crecimiento y el desarrollo. Sentimientos acerca de la sexualidad, el cuerpo, el hecho de ser mujer. Véanse *pene, genitales.*

VAGO. Potencial no desarrollado; una mala imagen de uno mismo. Talentos y habilidades desperdiciados por falta de conciencia espiritual.

VAGÓN. Vehículo sin una fuente de poder, pues normalmente es arrastrado. Carga que llevas contigo. Si se trata de un vagón de juguete, puede significar que necesitas jugar para recuperar el equilibrio.

VALLA. Obstáculo que debe ser superado para que puedas continuar con tus lecciones. Una valla grande y sólida significa que debes pensar mucho para resolver tu problema. Una valla pequeña, o una a través de la cual puedes ver, requerirá un menor esfuerzo creativo para poder rodearla, o para pasar por encima o por debajo de ella.

VALLE. Punto bajo; cumbres y valles en nuestras vidas. Lugar de descanso, relajación. Oportunidad para la expansión, abrirse a una nueva dirección.

VÁLVULA. Punto de control; regulador de energía o presión.

VAMPIRO. Estás chupando la energía de otras personas, o alguien se está llevando tu energía. Las formas de pensamiento negativas, la preocupación y la ansiedad, te quitan energía y poder.

Cada persona es responsable de generar y mantener su propio nivel de energía.

VAPOR. Cocinar nuevas ideas.

VAQUERO/A. Alguien a quien le encanta estar al aire libre. Hombre o mujer que controla sus instintos animales, amarrándolos y acorralándolos. Aprovechar tu poder.

VARA. Poder creativo interior. Sólo te limitan las restricciones impuestas en la imaginación. La realidad interna puede cambiar al instante, cambiando así la realidad y las experiencias externas.

VEGETARIANO/A. Autodisciplina a través de la dieta. Elige cuidadosamente las fuentes de sustento para mantener el equilibrio físico, mental y espiritual.

VEHÍCULO. Tú; tu forma de expresarte y funcionar. El tamaño del vehículo determina el grado en que estás actualizando tu potencial. El que estés conduciendo o vayas de pasajero refleja el grado de control y de responsabilidad de ti mismo. El color, la forma y la dirección en que avanza el vehículo (hacia arriba o hacia abajo, hacia adelante o hacia atrás) es importante. Véanse vehículos específicos.

VELA. Luz interior. Cada alma tiene una luz, y la capacidad de ver claramente depende de la fuerza de la luz interior. La verdadera naturaleza de tu ser es la luz. La conciencia determina cuánto brilla.

VELO DE NOVIA. Una hermosa fusión y unión está teniendo lugar en tu interior. Una hermosa señal.

VELOCÍMETRO. Tu velocidad al viajar: ¿vas demasiado rápido o demasiado lento? Mira los números en el indicador.

VENDEDOR/A. Abierto a cambios, ideas nuevas, maneras de ver las cosas. También, tener muy claro lo que está bien para ti, para no hacer lo que otros esperan.

VENDER. Estás intentando motivarte para tomar una decisión, para actuar. También podría significar que no te estás valorando, que estás transigiendo. Véase *vendedor*.

VENENO. Pensamientos negativos. El miedo y la crítica son los peores venenos que hay que superar.

VENERAR. Reconocer niveles superiores de conciencia; honrar al Dios interior. También, desconectarse del Dios interior; buscar fuera algo o a alguien que está separado de uno. Uno puede adorar muchas cosas, lo cual proviene de una conciencia de separación; sólo la verdad interior te proporcionará satisfacción y totalidad.

VENTANA. Capacidad de ver más allá de una situación dada; visión expandida, percepción. Una ventana al más allá, percepción interdimensional. Una casa sin ventanas es una prisión.

VENTILADOR. Indica circulación de aire, lo cual representa un cambio que está llegando a tu vida.

VENTISCA. Estás pasando por un cataclismo emocional escalofriante y no estás dispuesto a ver los enormes cambios y las posibilidades de crecimiento. Un engaño fuerte a ti mismo o a otra persona; examina los motivos. Véanse *nieve*, *avalancha*.

VENUS. Véase *planeta*.

VERANO. Juego, crecimiento, relajación. Libertad de movimiento, expansión. Véase *estación*.

VERDE. Crecimiento, sanación, apertura, creatividad. Véase *color*.

VERDURA. Cosechar lo que uno ha sembrado. Equilibrio, salud en el cuerpo.

VERJA. Nueva oportunidad, posibilidad. Si estás abriendo la verja, estás listo para avanzar. Si la verja está cerrada, todavía no estás preparado. Manifiesta nuevas herramientas dentro de ti para avanzar hacia nuevos comienzos. Pregúntate: ¿cuál es la clave?

VERRUGA. Algo que ya no se necesita y que puede ser cortado, retirado. Parte dura, callosa, de uno mismo que ya no se necesita para el crecimiento.

VERTIDO DE PETRÓLEO, MANCHA DE PETRÓLEO. Las emociones están anubladas y contaminadas. Compórtate de forma responsable. Suaviza tus relaciones emocionales.

VESTIDO ISOTÉRMICO (*wetsuit*). Protección mientras uno explora las aguas emocionales o las partes inconscientes de uno mismo.

VETERINARIO. Sanar y edificar nuestros instintos animales, nuestra naturaleza animal.

VIAJAR. Avanzar hacia el crecimiento y entendernos a nosotros mismos.

VIAJE. Experiencia, lección. Si te vas de viaje, te estás aventurando hacia nuevos aspectos de ti. La forma en que uno ve las situaciones. Adicciones y actitudes. Un viaje es sólo una herramienta de aprendizaje, ni buena ni mala. Tarde o temprano, uno aprende a estar por encima de todas las experiencias o la inversión en ciertas creencias.

VÍAS DE TREN. Estás en el camino y no puedes salir de él. Sigue el camino del crecimiento personal.

VÍCTIMA. No estar dispuesto a asumir la responsabilidad de crear nuestra propia vida. Papel de mártir. Incapacidad de distinguir lo que puede de lo que no puede ser cambiado, para soltar el pasado y crear algo nuevo. Debes dejar atrás el papel de víctima si realmente quieres encontrar tu camino en la vida.

VID. El cuerpo o el yo. Véase *árbol*.

VIDENTE. Todas las personas tienen poderes extrasensoriales, de modo que sintoniza con tus propias habilidades. Manifiesta, crea, lo que tú quieres.

VÍDEO. Véase *película*.

VIDEOCÁMARA. Véase *película*.

VIDRIO. Si está roto, representa ilusiones, esperanzas, conciencia y sueños que se han roto. Véase *espejo*. Masticar vidrio sugiere dificultad para expresarse verbalmente; miedo a la comunicación con uno mismo o con los demás; comentarios cortantes.

VIEJO/A. Véase *antiguo*.

VIENTO. Cambio. Un viento fuerte indica grandes cambios; un viento suave cambios pequeños.

VIGILANTE. Parte crítica de uno mismo. Ordenancista. Controlador, restrictivo; pérdida de poder personal.

VINO. Celebración, relajación. Esencia de las experiencias de la vida, el vino de la vida. Armonización espiritual; el vino representa la sangre o la energía vital espiritual del Cristo interior. Comunicación con uno mismo, con los demás, con Dios.

VIÑEDO. Cosecha de experiencias de vida; frutos de tu trabajo. Cuanto más vieja es la vid, más produce. Véanse *cosecha, jardín*.

VIOLACIÓN. Estás perdiendo energía, permitiendo que la influencia negativa de alguien te quite poder y autoestima. No tiene un significado sexual; no te lo tomes de forma literal. Simplemente indica que te están arrancando algo.

VIRGEN. La Madre Divina en sus múltiples formas; madre de todos. Cuando la Virgen aparece en un sueño, está teniendo lugar una sanación. El principio femenino que se une con el Dios Padre, o principio masculino, para que el universo cobre vida. El *yin*, lo femenino, se une con el *yang*, lo masculino. El principio maternal dentro de nuestro ser. La madre Tierra. La Virgen María es la divinidad femenina personalizada en la tradición cristiana.

VIRGINIDAD/VIRGEN. Partes desconocidas de uno mismo; dimensiones inexploradas. Pureza, totalidad. El mito de la mujer virginal como la compañera sexual más deseable es una creencia limitadora que daña las relaciones. Es en la madurez, en el dar y recibir amor, donde se desarrolla la plena expresión de la conexión, la apertura.

VISÓN. Valores materiales, lujo, abundancia. Protección, calidez, instintos animales.

VIUDA. Los atributos masculinos en nuestro interior han muerto por falta de desarrollo o de uso. Incorpora más puntos fuertes masculinos; alcanza el equilibrio. Véase *hombre.*

VIUDO. Incorpora más aspectos femeninos; alcanza el equilibrio. Véase *mujer.*

VOLAR. Soñar que vuelas significa que estás fuera del cuerpo, libre de las limitaciones físicas. Si puedes obtener el control consciente del sueño, puedes dirigir tus movimientos y viajar a distintos sitios en el espacio-tiempo. El estado de vigilia es en realidad la ilusión. Haz cualquier pregunta que quieras y recibirás la respuesta.

VOLCÁN. Erupción de emociones reprimidas. Véase *explosión.*

VOLCAR. Intentar evitar situaciones que encuentras incómodas; ser abandonado emocionalmente. Miedo al yo inconsciente, emocional; sentimientos de culpa, impotencia. Vuelve a subir a tu barco y a gobernarlo en medio de aguas agitadas.

VOLUNTAD. Claridad, motivación, dirección. Si estás escribiendo tu última voluntad, ha llegado el momento de hacer un repaso de tu vida; toma decisiones concretas. Establece las cosas que tienen valor dentro de ti. El acto de finalizar algo hace que uno se detenga y lo revise detenidamente. Echa una mirada a tu vida, lo que quieres conseguir, darte y dar a los demás.

VOMITAR. Arrojar los excesos; deshacerse del exceso, de ideas y actitudes innecesarias que no puedes digerir o que no necesitas. Sacar las cosas fuera. Necesidad de expresión verbal; lo que te estás guardando dentro te está poniendo enfermo.

VOTACIÓN. Decisión o juicio sobre un asunto del presente.

VOTAR. Tus opciones. En toda situación tienes elección. Toma buenas decisiones

---

YIN-YANG. El símbolo chino de la unión dinámica de los opuestos. Secreto de los cambios, la vida, la muerte y la regeneración en el universo. El principio *yin* es femenino, creativo-intuitivo, receptivo, oscuro, negativo, el cuerpo y el inconsciente. El principio *yang* es masculino, es intelecto, fuerza, luz, positivo, el espíritu y la conciencia. Las energías polares son plenamente expresivas en su unidad o apertura. Debemos alcanzar un equilibrio de las energías femeninas dentro de nosotros para evolucionar desde el plano terrestre. (Nota: Mi guía incluye lo creativo-intuitivo como una energía femenina combinada. La mayoría de otros sistemas ponen lo creativo bajo la energía masculina.) Véanse *mujer, hombre*.

YOGA. Armonía entre cuerpo, mente y espíritu; integración, unidad. Véase *meditación*.

YOYÓ. Altibajos emocionales. No estás aprendiendo las lecciones que hay en las experiencias; estás repitiendo las mismas viejas pautas.

YUNTA. Estar enganchado a alguna creencia o actitud que, evidentemente, se ha convertido en una carga. Protección, concentración de energía y dirección.

ZANAHORIA. Aliciente, atracción. Véase *comida*.

ZANJA. Una desviación; dependiendo de su ancho y de su ubicación, el pensamiento creativo es necesario para darle la vuelta. Si estás caminando dentro de una zanja, estás encerrado en realidades, rutinas y hábitos antiguos que están impidiendo tu crecimiento personal.

ZAPATO. Estar en contacto con la tierra. Cosas que te protegen en tu viaje por la vida. No juzgues a otra persona hasta que hayas «caminado en sus zapatos». Si te pones demasiados zapatos, estás interpretando demasiados papeles. Véase *pie*.

ZEN. El camino de la intuición; disciplina espiritual y meditación.

ZODÍACO. Principio del tiempo. Potencial para la expresión y la manifestación en el espacio-tiempo. Culminación de todos los rasgos, aspectos y el potencial dentro de uno mismo. Equilibrio interior; tierra, aire, fuego y agua. Véanse *astrología, horóscopo.*

ZOMBI. Alguien que ya no está en contacto con sus sentimientos, emociones; incapaz de funcionar mental, emocional y espiritualmente. No te permites sentirte vivo a causa del miedo. Falta de amor a ti mismo; poca energía. Suéltate y empieza a recuperar el contacto con el fluir de la vida, saliendo de tu tumba. Únete a las filas de los vivos. El miedo es una ilusión y el único camino posible es hacia arriba.

ZOO. Distintas maneras de expresar los instintos animales dentro de uno mismo que están restringidos, enjaulados. Ver la vida como un parque zoológico: muchas variaciones de las energías físicas, mentales, emocionales y espirituales. Acuérdate de reírte de ti mismo y de ser comprensivo, compasivo, con las diversas formas de expresión. También indica que tu situación actual es como un zoológico: relájate y disfruta.

ZORRO. Astuto, manipulador, escurridizo. Véase *animal.*

112.[6] ¡Despierta y pide ayuda! Hay una lección importante delante de ti. Véanse *emergencia* y *números.*

---

6. En el original 911, que es el número de teléfono para emergencias en EE. UU. (*N. de la T.*)

Índice